憂鬱になったら、哲学の出番だ！

田原総一朗
西 研

GENTOSHA

JN262112

目次

第二章 とことん話し合う――ソクラテス

第五章 道徳をつくる――カント

終章 哲学は人を自由にする――哲学者 西研

装幀◎大岡喜直（next door design）
装幀写真◎Jan Tyler/E+/gettyimages
DTP◎美創
協力◎瀧井宏臣

序章

哲学を持とう

上司の言いなりにならないために

ジャーナリスト

田原総一朗

銀行マンにも「哲学」がある

よく「**最近の政治家には哲学がない**」とか「あの経営者には哲学がある」などと言われます。ここで使われている「哲学」はわかったようでわからない言葉ですが、要するに政治に取り組む基本的な姿勢や、経営の理念を意味しています。

二〇一三年にヒットしたテレビドラマに『半沢直樹』があります。バブル期にメガバンクに入社した銀行マンである半沢直樹が、過酷な金融の世界で奮闘する物語です。「やられたらやり返す。倍返しだ！」の決めゼリフが有名になり、平均視聴率が三十パーセントを超える大ヒットになりました。

なぜ、このドラマがそんなに受けたのか。その理由のひとつは、主人公の半沢が自分の「哲学」を貫いていることです。「銀行はただの金貸しにすぎないが、融資した企業は命がけで守る」というのが、銀行マン・半沢直樹の「哲学」でした。その背景には、ネジを製造する町工場を経営していた父親が、銀行からの融資を断られたために自殺したルサンチマンがあります。ルサンチマンというのは十九世紀最大の哲学者ニーチェが使った言葉で、一言でいえば恨みつらみのことです。

お金を扱う金融業は、何事もなくできるのが当たり前、できなければサヨウナラという減点主義の世界です。ミスをした者は出世街道から脱落し、左遷あるいは関連会社に出向という憂き目に遭います。だから、多くの銀行マンは上司の命令に服従するのです。ところが、半沢は相手が雲上人である常務であろうと、会社の命運を握る金融庁の検査官であろうと一歩も引かず、自分の「哲学」に基づいて言うべきことを言います。

『半沢直樹』の魅力について、あるサラリーマンは「会社では絶対に言えないことを半沢が言ってくれるので、スッキリする」と答えていますが、それもそのはずです。法政大学の小池和男名誉教授の調査によると、「自分の価値観は会社の価値観と同じだ」と思っているサラリーマンはわずか十九・三パーセント。ちなみに、アメリカのサラリーマンの場合、四十一・五パーセントですから、強欲資本主義のアメリカ企業に比べても半分です。つまり、日本の多くのサラリーマンは、**自分の考えと違う会社の方針、あるいは納得できない業務や上司の命令にいやいや服従している**のです。

もっとひどいのは「今働いている状況が入社のときにわかっていたら、この会社に入ったか」という問いに対し、「入った」と答えた人がわずか二十三・三パーセントにすぎないことです。日本のサラリーマンの八割近くは自分の勤めている会社が大嫌いで、忠誠心を持てないでいるということです。これでは、モチベーションが低すぎて、労働生産性が上がりません。ましてや、会社のために身を粉にして働けるわけがないのです。

これが経営哲学だ

ぼくが親しい経営者で経営哲学を持ったひとりに、坂根正弘《まさひろ》さんがいます。建設機械のトップメーカーであるコマツの元社長で現在、相談役を務めています。

政府の産業競争力会議のメンバーでもある坂根さんは今一番、講演依頼が多い日本の経営者です。「首相が一年で代わるようでは、いくら成長戦略を立ててもダメ。小泉純一郎政権のとき、今ひとつ成果が上がらなかったのは民を巻き込まなかったからです。岩盤のような**規制に穴を開け、ビジネスをつくっていこうという経営者の強い意志と実行力**が求められている」と言います。

坂根さんが二〇〇一年に社長に就任した頃、コマツは業績不振にあえいでいました。そのコマツをたった一年でV字回復させたのが、坂根さんでした。

じつは、坂根さんも四十歳代の頃、会社を辞めようと思ったことが三度あるそうです。「若い社員に、私が経験したような思いをさせたらダメです。いい会社で働いていると自信を持てるような経営をしないといけない」と坂根さんは話します。

坂根さんによると、コマツの建設機械は世界全体で三十二万台あり、販売先の八十三パーセントは海外です。国内販売は全体の十七パーセントですが、国内の工場で五十パーセントを生産しています。

二〇一三年夏には、コマツは中国市場において世界一の建設機械メーカーであるキャタピラーを抜き、売上トップに躍り出ました。その**秘訣《ひけつ》は、在庫ゼロ**です。コマツのパワーショベルやダンプカー、ブルドーザーなどの建設機械にはGPSが装備され、その機械がどこにあるか、エンジンの具合はどうか、どのくらいの燃料を消費しているかなどの情報がリアルタイムで把握されます。在庫が溜《た》まっているとただちに警告を発することができるため、在庫ゼロが実現しているのです。

また、「エンジンが百時間稼働しているのに、穴を掘ったり砂利を運んだりという仕事は六十時間しかされていない」といったことがGPSでわかります。だから、顧客に「四十時間分の燃料がムダに使われています。運転手にこういう指導をしてください」などと情報を提供することができます。コマツの建設機械は、価格が安くありません。しかし、アフターサービスがいいために、多少高くてもコマツの製品が選ばれているのです。

それにしても、坂根さんはなぜ、社長就任わずか一年で、最悪だった業績を黒字にするV字回復を実現できたのでしょうか。

V字回復の秘密

坂根さんは社長に就任して、リストラを断行しました。①七百五十種類もあった製品のラインナップを半分に絞り、②三百あった出先機関を百十に減らし、③希望退職を募り、二万人いた社員を一万八千五百人に削減しました。その結果、四百五十億円のコスト削減に成功し、就任後わずか一年で黒字化を達成したのです。

このうち、注目すべきは**製品を絞ったこと、つまり不採算事業の廃止や売却**です。この頃、コマツの国内での売上は全体の三割ほどでしたが、製品の半分近くは日本向けのもので、日本でしか売れませんでした。そこで、坂根さんは世界で売れる製品に注力し、売上が世界一位か二位、あるいは今後一位になりうる製品にラインナップを絞ったのです。

コマツの利益率が十パーセントを超える高い水準になっているのは、売上世界一の製品が全体の半分を占め、世界一位と二位を合わせると八十五パーセントに達しているからです。業績が回復したために社員を再び増やすことができ、今は約二万二千人になっています。リストラ断行後、坂根さんは辞めていった社員に申し訳ないという気持ちから、対外的な発言を控えてきました。しかし、「雇用を増やすことができ、経営者の使命を果たした」ということで、テレビや新聞の取材に応じるようになったと言います。

「日本は人件費が高いから太刀打ちできないと言いますが、その中身は本社経費が高いのと不採算事業を抱えていることが大きな要因です。世界トップの製品については、ものづくりコストでも決して負けていません。企業内の新陳代謝をよくし、体力があるうちに不採算事業から撤退することが第一です」（坂根さん）

たとえば、カネボウは化粧品事業では非常に好調でした。ところが、創業時の看板事業だった繊維から撤退できずに業績を悪化させてきています。

日本の企業は、各事業部の代表で取締役会を構成しているため、社長でも不採算部門を切ることが難しい。もともと、**痛みを伴う決断を受け入れがたいＤＮＡを持っている**のです。それは、作戦を展開して失敗した場合に撤退ができず、玉砕してしまう旧日本軍に似ています。やはり、体力があるうちに、トップが不採算事業の廃止や売却を決断しなければならないのです。

社員が「この会社で働きたい」と思えるためにはどうしたらよいか。坂根さんは「日本の企業にはものづくりの強さがあるのだから、そこを前面に出して攻めることです。攻めて業績が上がり、**顧客や世間から評価されれば、社員もプライドや意欲を持って、創意工夫に取り組むことができる**でしょう」と攻めの経営の重要性を訴えています。

ぼくはダメダメ社員だった

余計なことですが、ぼく自身のサラリーマン体験についても述べておきます。

若い頃、小説家を志していたぼくは、一九五二年に滋賀県彦根《ひこね》市の高校を卒業して上京し、日本交通公社、今のＪＴＢに勤めながら夜間の大学に通っていました。最初に配属されたのが東京駅前の丸ビルの案内所で、切符や周遊券を売る仕事をしていました。ところが、ぼくが窓口で一言しゃべると、お客や同僚がドッと笑うのです。たぶん、一日で三十回ぐらい笑われたと思います。まだ標準語ができず、彦根弁でしゃべっていたからです。

ドジなぼくは、切符に書き入れる列車の座席番号を間違えてダブルブッキングしてしまったり、「八高線《はちこう》」などという知らない路線について先輩社員に聞いてバカにされたりするうちに、登社拒否になってしまいました。会社の前までは行くのですが、仕事をしたくないので、丸ビルの周りを二回ぐらいグルグルと回るのです。ときには「風邪をひきました」と仮病を使って、家に帰ってしまったこともありました。

一年で案内所から左遷され、定期券係に変わりました。先輩社員が苦学生だったぼくを助けてやろうと、書き損じた定期券を使わせてくれたので、電車にタダ乗りしていました。そうしたら、不正が発覚してしまったのです。幸いなことにクビにはなりませんでしたが、上司にボロクソに怒られたのを覚えています。

きわめつきが、ボヤ事件です。また一年で別の案内所に左遷されましたが、そこの二階の小部屋で泊まり勤務をしていたときのこと。夜中にふと目が覚めると、かけていた布団が熱いのです。起きて見ると、布団から煙が上がっていました。「これは大変だ。始末書じゃすまないぞ」と泡を食って階下に駆け下り、バケツに汲んできた水をかけて夢中で火を消しました。気づくのが遅れたら、焼け死んでいたかもしれません。

その後、小説家は断念し、**四年制の大学に入り直してジャーナリスト**をめざしました。

手当たりしだいにマスコミの就職試験を受けましたが、朝日新聞やNHKなど八社に落ち、仕方なく唯一引っかかった岩波映画に入社したのです。しかし、配属された仕事はやりたくもない撮影助手でした。ロケに行ったのですが、ここでもカメラを落とすわ、装塡ミスでフィルムがグチャグチャになるわ、コードを忘れるわで、たった五十日でお払い箱になりました。

この頃、夢中になって読んでいたのが、**フランスの哲学者であるジャン＝ポール・サルトルの『存在と無』**です。「この世は不条理で、どうにもならない」というサルトルの考えに強く惹《ひ》かれました。哲学書を読んで「生きるとは何か」「自分はどう生きるか」と自問自答していたのです。

干されても負けない！

ぼくはその後、東京12チャンネル、今のテレビ東京が開局するのに伴い、東京12チャンネルのディレクターに転職しました。二十九歳のときです。主にドキュメンタリー番組の制作に携わりましたが、やはり何度も仕事を干されています。

最初に提案したシリーズ企画が「未知への挑戦」というドキュメンタリー番組で、ぼくのつくった作品「ガンに挑む」が民放祭で銀賞を取りました。一九六五年には、ソ連（今のロシア）の首都モスクワで開かれた世界ドキュメンタリー会議に、なぜか日本代表として招待されて講演もしています。

帰国後、番組の担当プロデューサーが交代したのですが、この人が独裁者とは言わないまでも管理重視のタイプでした。この上司にこっぴどく怒られた同僚たちが集まって、全員で抗議しようということになりました。ぼくは嫌な目に遭ったことはなかったのですが、「じゃ、やろう」とOKしたのです。決めた日時にプロデューサーのデスクに行くと、仲間がひとりも来ていません。でも、予定の時刻になったので、ひとりで抗議を始めました。最後はテーブルまでたたいて、上司を吊るし上げました。そうしたら、「未知への挑戦」の担当を降ろされてしまったのです。まさに、**上司に「倍返し」された**わけです。

ぼくは当時、話題作をつくり、肩で風を切っていたところがありました。だから、同僚の嫉妬を買って「田原のヤツ、生意気だから、ギャフンと言わせてやれ」と罠《わな》にはめられたのかもしれません。仲間たちがなぜ来なかったのか、いまだに真相はわからないままです。

東京12チャンネルは当時、金も人も足りないテレビ局で、視聴率を取るためには危ない番組をつくるしかありませんでした。警察にも二回、捕まっています。だから、ぼくはいつも「**塀の上を走るが、決して刑務所のなかには落ちない**」と上司や同僚に言っていました。これが、テレビディレクターとしてのぼくの「哲学」でした。同期社員が部長や課長に出世するのを横目で見ながら、万年平社員として危ない番組をつくり続けたのです。

その後、報道局から制作局に左遷されたのをいいことに、原子力を推進している人たちを取材し、雑誌に「原子力戦争」を連載しました。この連載は国会でも取り上げられ、会社に圧力がかかりました。上司から「会社は君のために重大な損失を被っている。連載を打ち切ってほしい」と言われました。ぼくが態度を決めずにいたら、上司ふたりが処分されてしまいました。さらに、社長室長から「連載をやめるか、会社を辞めるか選ばないと、会社は強硬手段に出ざるをえない」と通告されました。ぼくは東京12チャンネルが大好きでしたが、やむをえずに会社を辞めたのです。四十二歳のことでした。

哲学は何をしている？

ぼく自身の経験を述べましたが、サラリーマンは仕事ができなければ窓際にやられ、逆に仕事ができると妬《ねた》まれて足を引っ張られる。上司の言うことを聞かないと、それだけで左遷される因果な商売です。イエスマンであることを求められるため、冒頭に紹介した調査のように、サラリーマンの多くは自分の会社を嫌っています。でも、勤めてさえいれば給料がもらえるし、**長く勤めれば年金も多くもらえるのでガマンして働いている**のです。

しかし、一九九〇年代以後は不景気で「失われた二十年」と言われ、業績が悪ければリストラされ、路頭に迷います。大学を卒業しても就職もままならない。非正規雇用で働いて、結婚もできないという現実が続いています。おまけに、国は一千兆円という気が遠くなるような借金を抱えてクビが回らず、福島第一原発からは放射能が垂れ流しです。

いったい自分は何のために生きているのか。そもそも、生きるとは何なのか。自分はどう生きるのか。この先行き不透明な時代に、みんながその答えを知りたいと思っています。だから、書店に行くと人生や生き方を説いた本が、山ほど積まれているのです。まさに、哲学の出番だと言っていい。

若い読者は知らないかもしれませんが、戦前、日本のトップエリートを輩出した旧制高校は全寮制で、生徒は皆、寮に寝泊まりし、酒を飲んで高歌放吟しました。そのひとつに

「デカンショ節」というのがあります。

デカンショ〜　デカンショ〜で　半年暮らす　あ　ヨイヨイ
あとの半年しゃ　寝て暮らす　あ　ヨ〜イ　ヨ〜イ　デッカンショ

デカンショというのは、**デカルト、カント、ショーペンハウアーという三人の哲学者の頭文字を取った造語**です。当時の高校生にとって、哲学書を読んで、自分がどう生きるか、人生についてとことん考えるのは当たり前のことでした。

ところが今、書店に並ぶ人生指南の書にデカルトやカント、ヘーゲル、ニーチェといった哲学の巨人たちの名前が全く出てこないのです。これはいったい、どういうことなのか。

その理由が知りたくて、哲学者たちを訪ねて聞いたところ、変な顔をされてしまいました。「なぜ、哲学は人々の疑問に答えないのか」と問い詰めたところ、まともな答えが返ってこないばかりか、最後はケンカになりました。哲学者たちは「生きるとは何か」といった問題に関心がないようでした。彼らは哲学者ではなく、哲学史家だったのです。

そうやって、何人かの哲学者に会ううちに、ぼくの疑問に真っ向から答えてくれる哲学者にめぐりあうことができました。それが、西研です。言ってみれば、現代ニッポンのソクラテスです。

現代ニッポンのソクラテス

西研は一九五七年生まれで、鹿児島県のラ・サール中・高校から東京大学に進み、大学院総合文化研究科修士課程を修了した俊才です。現在は東京医科大学の教授ですが、予備校の講師などをしながら、在野で自らの哲学を練り上げてきた筋金入りの哲学者です。単なる哲学史家とは違って、ぼくらでもわかる易しい言葉で書いたり話したりしています。その著書『哲学の練習問題』や『集中講義　これが哲学！』を読むと、「なるほど、そういうことだったのか」と納得できます。

二〇一三年の二月から八月にかけて、ぼくは十回にわたって東京・新宿にある東京医科大学の研究室を訪ね、教えを請いました。西研はいつも、まず自分でお茶を入れてふるまいます。そうやって、お互いに心を落ち着けてから、ぼくのあらゆる疑問に答えてくれました。また、西研はギタリストでもあり、研究室には大事なギターが立てかけてあります。

西欧の哲学は**古代ギリシャに始まり、ソクラテス、プラトン、アリストテレスらが一時**

代を画します。その後、キリスト教神学の時代、哲学は休眠状態にありましたが、近代になって、「我思う、ゆえに我あり」という言葉で有名なデカルト以後、カント、ヘーゲルらが新たな近代哲学を打ち立て、進化させてきました。

しかし、「神は死んだ」と言って絶対的な真理を否定したニーチェをはじめ、デリダ、フーコーらポストモダン（近代以後）の哲学者たちが近代哲学を否定して以後、哲学は相対主義の迷路にはまったまま、出口を見つけられないかのようです。そんななかで、西研は「人と人とがそれぞれの経験をもとに思いを語り合うなかで、共有できることを括《くく》り出していく」というアプローチで、普遍性のある哲学を打ち立てようとしています。

これまでビジネスと哲学は水と油のような存在で、コラボレーションすることはほとんどありませんでした。でも、**いい仕事をし、いい人生を送るために、サラリーマンも哲学を学ぶべき**だとぼくは思います。たとえば、カントは真理とは何か、理性とは何かを一生かかって考え続けました。なぜカントはそんなことを考えたのか。カントが考えたことは、ぼくらが今、生きるうえでどんなヒントを与えてくれるのか、知りたいところです。しかし、哲学書はとにかく難しくて、ちょっと読んでも何を言っているのか、さっぱりわからないものが多いのです。

哲学の巨人たちは「生きるとは何か」「自分はどう生きるか」という問いに対し、どう考えたのか。また、現代ニッポンのソクラテスである西研はどう考えるのか。本書では、**ぼくが皆さんの代わりに西研にとことん聞いたことや自分で調べたこと**について述べた後、プラトンにならって西研との「対話篇《へん》」に移るという構成になっています。皆さんがよりよく、イキイキと生きるためのヒントにしてもらえれば幸いです。

第一章

哲学とは何か

哲学は不思議な言葉

哲学という言葉は、古代ギリシャ語のフィロソフィア（英語のフィロソフィー）を訳したものです。フィロソフィアは、**フィレイン＝愛するという動詞とソフィア＝知恵という名詞を合成した言葉**で、直訳すれば愛知県の「愛知」です。でも、知を愛することと言われても、どういうことかピンときません。

この言葉を使ったソクラテスは、「愛とは愛する対象を自分のものにしようと求めることだ」と考えました。だとすれば、知を愛するとは、知を自分のものにしようと求めることですから、知を愛する人はまだ知を持っていないということになります。これが「無知の知」と呼ばれるソクラテスの愛知論です。ソクラテスは知を鼻にかけたソフィストたちをやっつけるために、苦肉の策として愛知という言葉を使いました。

このフィロソフィアを日本語に訳したのが、江戸時代に蕃書調所で西洋哲学の講義をした西周《にしあまね》です。西周は愛知の意味について、宋代の儒学者の文章にあった「賢を希《ねが》う」と同じだろうと考えました。しかし、儒学くささを和らげるために賢を哲に差し替え、フィロソフィアを「希哲学」と訳したのです。

ところが、明治時代に執筆した著書では愛に当たる希がなくなり、「哲学」となっていました。その理由は定かではありませんが、愛が削られて単なる「知学」になってしまったわけです。これでは、何のことだか、さっぱりわかりません。だから、哲学という言葉じたいは日本語として相当変なのです。

もうひとつ、不思議な言葉に形而上学というものがあります。これはギリシャ語のタ・メタ・タ・フィジカ（英語のメタフィジックス）の訳です。プラトンの弟子であるアリストテレスが開いたリュケイオンという学園で、講義したノートのひとつです。リュケイオンではタ・フィジカ（自然学）を学んだ後に第一哲学を学んだため、**第一哲学のことをタ・メタ・タ・フィジカ（自然学の後）と呼んだ**のです。この言葉がラテン語に訳されてメタフィジカとなり、キリスト教の教義を作る際にメタの意味が「後」から「超」に変わって、超自然学つまり神学となりました。

この超自然学という言葉が明治時代に日本に入ってきたとき、形而上学と訳されたのです。これは儒学の四書五経のひとつ『易経』にある「形而上者、謂之道」（形より上なるもの、これを道と謂《い》う）から取ったもので、原語からはかけ離れた訳のわからない言葉になってしまいました。だから、哲学とか形而上学といった言葉は全くナンセンスそのもので、言葉じたいを変えるべきでしょう。

ズバリ西研流哲学とは

本書では、哲学という言葉を使いますが、ぼくらが常識的に考えている意味、つまり**『生きるとは何か』とか『どう生きるか』とか、人間が生きる根っこのことを考えること**という意味で用いることにします。西研は、哲学を次のように定義しています。

「哲学とは、理づめで考えを述べあうことによって、互いの考え——世界像や物語といってもいいっしょですが——を普遍性のあるものに鍛えていこうとする、一種のゲームである」(『集中講義　これが哲学!』百三頁)

そうだとすれば、ぼくがテレビ朝日の「朝まで生テレビ!」でやってきた徹底討論も、哲学の営みとそう遠くない取り組みのように思われます。

西洋の哲学は大雑把に言うと、①ソクラテス、プラトン、アリストテレスらギリシャの哲学、②デカルト、カント、ヘーゲル、ニーチェらの近代の哲学、③フッサール、ハイデガーらの現象学、④現代の多様な哲学に分かれます。

現代哲学には、ウィトゲンシュタインらの分析哲学の流れ、ソシュール、ラカンらの構造主義、フーコー、デリダらのポスト構造主義（ポストモダン＝近代以降の哲学とも言われます）など、さまざまな流れがあります。

しかし、西研は**ハイデガー以後、哲学にははかばかしい進展がない**と考えています。現代哲学が普遍性を求めることを放棄している点で、評価していないのです。逆に言えば、普遍性をめざす西研は、「哲学業界」のなかでは圧倒的な少数派と言えます。

「物事や問題をはっきり見つめ、そして、根っこからわかろうとする、そういう情熱こそが哲学の魂（ソウル）なのである。そしてそこには、流されるのではなくて、自分ではっきりと納得をもって生きていきたいという想いがある」（『哲学の練習問題』十四頁）

そして、西研はソクラテスの対話やエドムント・フッサールの現象学をベースに、「体験の本質観取」という方法で普遍性を求めていきます。言葉は難しいですが、中身は難しくありません。たとえば、サラリーマン向けの講座であれば、少人数のグループに分かれてもらい、それぞれの体験に即して「なつかしさとは何か」とか「迷子になる恐さとは何か」などについて話し合うのです。ていねいに尋ね合い、「あなたもこういう考えなら、納得できませんか」と提案して確かめ合うと、みんなが共有できるような強くて深い考えが出てくるのです。

「哲学は、**自分を含む多くの人々の生に共通するもの（生の一般的な構図）を取りだそうとするもの**であり、そうすることによって、互いの生のあいだに橋をかけようとするものである」（『集中講義　これが哲学！』四頁）

西研は、そうやって普遍性を求める思考の復権をめざしています。哲学を改造しようと企む野心的な哲学者でもあるのです。

Talk Battle

哲学とは何か

田原　よく「あの政治家には哲学がない」「あの経営者には哲学がある」とか言いますが、あの場合の哲学とは何ですか。

西　自分なりの原理や原則を持っているという意味ですね。その人なりの考え方や理念を持っているとき、「哲学がある」と言うようです。

田原　理念とは何ですか。

西　たとえば、ビジネスをする場合、これが本当のビジネスだというもの、少なくとも自分のなかで確信したものを持っているということです。

田原　ぼくは近江商人の末裔《まつえい》で、子どもの頃から祖母に教わっているので、近江商人の理念ならわかります。「三方善し」と言って、「**まず客にとって善し、ふたつめに世間にとって善し、最後に自分にとって善し**」というものです。これが、商売の理念なのです。ところが、政治の理念というのがわからない。これは、どういうものですか。

西　政治の理念を考えるためには、まずは正義ということを考えなければいけないでしょうね。社会正義とは、社会ないし国家が実現しようとする目標ですから。

田原　マイケル・サンデルの『ハーバード白熱教室』は読みました。

西　現代にはさまざまな正義の考え方があるのですが、サンデルさんは具体的な事例に即しながらそれらをわかりやすく示してくれます。ですが、「そもそも正義とは何か・正義の根拠とは何か」ということには答えてくれません。そこを問わないと哲学にならないと思うのですね。

今、多くの人が、正義は相対的なものでどこにも唯一絶対の正義などない、と答えます。

確かに、正義とされることの中身は時代により民族により変わるでしょう。しかし、正義という観念を全く持たない民族や国家は考えにくい。では**正義の観念はどこから出てくるかというと、人間が社会生活を営む、ということから出てくる**と考えられます。

社会契約を論じたフランスの思想家ジャン＝ジャック・ルソー（一七一二～一七七八年）は、こう考えました。人々が国家をつくって生きているという事実のなかには、「仲間となって外敵から身を守ろう」「必要なルールをつくって平和共存しながら暮らそう」という基本的な約束があるはずだ。一言でいえば「共存の意志」が国家のメンバーのなかにあるはずだ、と。だからこそ、法律を破る人がいると「約束が違うじゃないか」ということになる。さらにルソーは、社会契約は対等な人々が結んだ約束なのだから、正義は「どのメンバーにとっても利益になること」でなくてはならない、と言ったのです。

田原　それは、ありえないのではないですか。

西　いや、ありえないということはないです。たとえば、人権を守ることは誰にとっても必要なことでしょう。

田原　人権が第一だとして、そのとき、公共性についてどう考えますか。道路をつくるとき、人権を楯《たて》に「オレはどかない」と言う人をどかせるか、どかせないかで常に揉《も》めるのですが、こういうときはどう考えればいいのですか。

西　難しいですねえ、これ。まずは、**その道路がその地域に暮らす人々にとって本当に公共的な利益といえるかどうか**、が重要ですね。「どかない」と言う人もその地域の人々に含まれているわけですから、その人にとっても道路建設は利益である、といえなくてはならない。それが「どかない」と言う人を説得するための最大の理由ですから。もし本当に公共的利益といえるとしたら、十分な対話のうえで——その人が納得してくれるのが望ましいわけですが、もし納得してくれないとしても——適切な補償のうえで道路建設をする、ということになるでしょう。

田原　生意気なことを言いますが、そういうことを議論してきて、やっぱり一度、哲学を勉強しないとダメだと思ったのです。西先生なら話を聞いてくれそうなので。

西　それは責任重大ですねえ。

変わらない真理はあるか

田原　田中角栄は首相になる前に「都市政策大綱」というものをつくったのです。日本海側は雪が降って貧しい一方、太平洋側は雪が降らずに豊かで、格差があった。新潟出身の角栄は頭にきて、日本全体を都市にして便利にしようと考えました。それで、新幹線や高速道路をつくり、人通りの少ない山間地にも道路をつくろうとしたのです。つまり、人権と公共についてひとつの理念を出したのですが、首相になって『日本列島改造論』という本を書く頃には、公共という言葉を引っ込めてしまった。それで、歯止めがかからずに地価が高騰し、土地バブルを招いたのです。こういう現実の世界と哲学をどう結びつけたらいいのか。西先生なら、そこを結んでくれるのではないかと期待しています。

西　いや、これは難しい。でも、現実の世界と哲学は結びつかなければダメだと思います。現実の問題に関われないのであれば、何のための哲学かということになります。

田原　もうひとつ思っているのが、哲学は変わらなければダメなのではないかということです。よく真理は不変だと言うけれども、ぼくはウソだと思う。たとえば、**明日が今日よりよくなる高度成長時代と、明日が今日より豊かにならない今とでは、日本人の考え方は違う**と思うのです。当然、政治家の哲学も変わるはずでしょう。

西　ぼくも違っていると思いますよ。

田原　時代とともに変わるヤツは哲学がないと言われますが、それは違うのではないかと思っています。

西　そのときに田原さんが考えている哲学というのは、どういうイメージでしょうか。人間性には確かに時代とともに変わっていくところもありますが、時代を通じて変わらないところもあるのです。たとえば、生まれ落ちた後、親なり保育者なりからきちんと世話をしてもらうことで、他人に対する信頼の根っこができる。こういうことは変わらない。

田原　今の社会のことで考えても、正社員と非正社員では考え方が違いますね。政治家たちと議論しても「非正社員を正社員にしろ」という要求が多いですが、これはありえないのです。日本で**なぜ非正社員が多いかというと、正社員をクビにできないから**です。欧米では、正社員のクビが切れるのですよ。その代わりにセーフティネットが発達していて、クビを切られても失業保険が多いし、職業教育も手厚い。それで、最近は正社員をなくした方がいいのではないかと思い始めたのです。

西　確かに、日本は正社員のクビが切りにくい国ですね。

哲学書は難しすぎる

西　田原さんが哲学に関心を持つ理由、だんだんわかってきました。何が本当かわからなくなり、**どこが足場になるのか？と考えざるをえなくなった人が、哲学に入っていく**のだと思います。

田原　学生時代にフランスの哲学者で作家でもあるサルトルに憧れて、サルトルの本を読みました。それから、サルトルが影響を受けたマルティン・ハイデガーの本を読んで「これはダメだ」と思った。難しくて訳がわからない。それで、哲学とはほぼ縁が切れました。

西　ハイデガーは岩波文庫で読みましたか。

田原　そうです。

西　昔の岩波文庫だと読めませんねえ。翻訳もかなり悪いですし。今ていねいな新訳が出つつありますが。

田原　二〇一二年春にもう一度読んでみたのですが、やっぱり難しくてわからない。そんなときに西先生の『ニーチェ　ツァラトゥストラ』（NHK出版）を読んだら、「これならイケる」と思いました。

西　それは本当にうれしい。ギリシャの哲学者ソクラテスは本を書かず、周りの人を相手に対話をしているだけでした。このソクラテスの対話をもとに書いたのがプラトンの著作です。ソクラテスは**「正義って何だろうね」「本当の徳って何だろうね」というように日常語で対話していた**から、わかりやすかった。

田原　ソクラテスは弁論術に長《た》けたソフィストたちと論争して、やっつけて回るわけですね。でも、その対話を読んで、ぼくはソフィストの方が正しいのではないかと思ったのです。ソクラテスは真理、つまり本当のものを見つけようとするのですが、人間は立場によって見方が違うわけだから、むしろソフィストの方が理解できると感じました。

西　ソフィストの前の哲学者たちは素朴に真理があると思っていたのです。ところが、ソフィストたちは、人間は立場や観点が違うから絶対の真理などどこにもない、と言ったのです。確かにこれは一理も二理もある。それに対して、ソクラテスがイチャモンをつけた。

田原　ソクラテスはよほど、ヘソの曲がった人間かなとも思うのですが。

西　ギリシャの若者たちは、人間の生き方として何か善いもの美しいものがあるのではないか、と求めるわけです。ギリシャでは「徳とは何か」という問いが典型的ですが。しかしその答えは、ソフィストの相対主義からは出てこない。すべては「それぞれ」ということになりますから。

ソクラテスはそれに対して、**さまざまな徳とされることには「それらを徳たらしめている根拠」があるはず**だ、と考えた。そして若者たちと対話しながらその根拠を探究しようとしたのです。でも、ソクラテスは問いかけはするのですが、自分では答えを出さない。

田原　だから、ぼくは意地悪だと思う。

西　ある意味で、意地悪なのです。「じゃあ、君はどういうのが徳だと思うの?」「これが徳だと言うけど、その根拠は何?」というように、若者にとことん質問していく。そうやって質問されると、若者は今まで自分が思っていたことにはまだ考えが足りなかったことに気づくのです。でも、最終的な答えをソクラテスは出してあげないんですね。たぶん自分の言葉が「正解」にされてしまって、皆が自分で考えずにそれを崇めてしまうのがイヤだったのでしょう。自分で考えなきゃダメだ、とソクラテスは強く思ってましたから。

でも答えを出さずにひたすら考え続けるのがよいのだ、とは思っていなかったはずです。なぜなら、対話をしながら、それぞれが生きるうえで柱になるもの、魂がワクワクするような価値あることをはっきりとつかんで、そこに向かってまっすぐ生きていってほしい!

というのがソクラテスが発したメッセージだったのです。こういう哲学の営みのことを「魂の世話」と言うのですが、『ソクラテスの弁明』に出てきます。

哲学と宗教

田原　哲学は宗教とは違いますね。

西　そうです。だから、ぼくは中世哲学を哲学だとは思っていません。中世哲学では、神の存在が大前提だからです。**「神がいるのに、なぜ世の中にこんなに多くの悪や貧困や悲惨があるのか?」**というような問題に答えを出すのが、中世哲学の仕事です。アリストテレスの哲学を使ったりしながらいろいろな理屈をこしらえるのですが、神の存在を前提にしたら、本当の哲学にはならない。

田原　ぼくは高校時代、宗教に凝っていて、夏休みに一か月間、天理教の合宿に行ったことがあります。最後はケンカして追い出されたのですが。

西　いや、それは追い出されそう。

田原　「神がいるのに人間はなぜ病気になるのか。助けてくれないのはおかしいではないか。**貧乏な人を神はなぜ助けないのか**」と聞いたら、「それは試しているからだ。病気になるのも貧乏になるのも、必ず原因がある」という答えでした。因縁の考え方ですね。

西　では、障害があって生まれてきた人は？

田原　それも聞きました。そうしたら、「前世に悪いことをしたからだ」と。

西　そういう話になると、「ホントかよ」ということになりますね。

田原　「悪いことをして死ぬと、来世でどうなるのか」と聞いたら、「馬になるかもしれないし、牛になるかもしれない」と言うので、「根拠はどこにある」と問い詰めたら、最後はケンカになりました。今もテレビの討論番組で、似たようなことをしていますが。

西　ぼくも宗教には関心があって、中学高校時代、聖書研究会に入っていました。

田原　ぼくは真言宗僧侶の池口恵観と親しいのですが、彼はオカルトができるのです。ぼくはよく便秘になりますが、池口さんに密教の行法をやってもらうと、より便秘になるのですよ。オカルトは本当にあるかもしれないと思ったのですが、結果は逆なのです。

西　ハハハハ。

田原　昔、東京12チャンネルでディレクターをしていたとき、催眠術の番組をつくったことがあります。著名人に催眠術をかけたら、早稲田大学の総長だった大濱信泉《のぶもと》は素直にかかりました。「倒れます」と言うと倒れるし、「はい、蝶々《ちょうちょう》になります」と言うと、手をヒラヒラさせました。何をやっても全く効かなかったのが、後に首相になる政治家の中曽根康弘です。平然としていて、面白いなあと思いましたよ。

西 あの人、座禅をやっていますからね。呼吸法で丹田に集中していると、たぶん大丈夫なのです。

哲学なんて言葉は変えるべきだ

田原 話を戻すと、哲学はフィロソフィー、つまり「知を愛す」ですね。だから、哲学などという言葉をつくった西周がそもそも間違いなのです。こんなくだらない言葉を使うから、哲学は難しいものだと思われてしまう。

西 その考えには、ぼくも賛成です。

田原 なぜ、こんな言葉になったのか。ぼくは、**哲学などという言葉は変えるべきだと思う**のです。哲学といっても、訳がわからないですから。

西 「愛知」ですからね。哲という字がよくわからない。

田原　デカルトやカントの著書を岩波文庫で読んでも、さっぱりわからない。なんで、あんな翻訳をするのですかね。

西　確かにそうです。

田原　それから、もうひとつ。形而上学と言いますね。なぜ、あんな難しい言葉を使うのですか。

西　ハハハハ。それはアリストテレスからきています。アリストテレスの著作で『形而上学』と呼ばれている本がありますが、でも彼自身は「第一哲学」、つまり根本の学と呼んでいて、形而上学とは呼んでいなかったのです。この本が、ギリシャ語では「タ・メタ・タ・フィジカ」、ラテン語で「メタフィジカ」と呼ばれていて、それが日本語で形而上学と訳されてしまった。

田原　メタとはどういうことですか。

西　「後」という意味です。アリストテレスの全集をつくった人が『**自然学**』**の後に「第一哲学」に当たる著作群を置いた**ので、メタフィジカと呼ばれるようになった。ただ、それだけのことなのです。

田原　アリストテレスはどんな人ですか。

西　プラトンがつくった「アカデメイア」という学校で勉強した秀才のひとりですね。非常に頭が切れる人で、物事の根本原因を考えたのです。

田原　インテリですね。

西　これぞ、ザ・インテリという感じです。勉学に励んで優秀だから、それまでの哲学の歩みを全部整理して、きれいに秩序づけた。

田原　でも、**アリストテレスはソクラテスやプラトンが持っていた真理への憧れを否定してしまう**のでしょう。だから、ぼくはつまらないと思うのです。

西　そうなのですよ。真理というより、善いもの・美しいもの・本当の生き方といったものに対する憧れですね。それがソクラテスやプラトンの哲学を貫いている。ソクラテスなぞは権威も何もなくて、ただ若者と対話して善美を問おうとしただけです。でもアリストテレスは、学校ができてからの人ですね。制度のなかでの大秀才で、学問と知識が大好き。「ぼくからすると、ちょっとつまらん」という感じです。

田原　よくわかる。いや、西先生はそういうことをおっしゃるから、とてもわかりやすい。

西　そうですか。こういうことを正直に言わないと、つまらないので。

西研はなぜ哲学者になったか

田原　西先生はなぜ哲学をやろうと思ったのですか。

西　ぼくは、今六十代半ばの団塊の世代の、ちょうど十歳下です。大学では学生運動はすっかり下火になっていましたが、「解放」という言葉に憧れを持っていました。最初は左翼知識人になりたかったのですが、左翼はどうも悪いことをする。

田原　なぜ、左翼は悪いと思ったのですか。

西　これが真理だ、正義だというのを押しつけるからです。

田原　しかも、共産主義にしても社会主義にしても、左翼は批判を許さない。

西　それで、何をしていいかわからなくなり、本当に「どうしようか」という感じでした。

田原　左翼に憧れたけれど、どうもインチキくさいし、きわめて不自由だと。

西　マルクス主義は、共産主義が人類史の真理、つまり最終的な結末として現れると言っているわけですが、そういう**絶対の真理をつくってきたのはヨーロッパの哲学**でしょう。それなら、哲学の文献を全部読んで、それをひっくり返してやろうと思ったのです。だから、まずはネガティヴな動機から読み始めた。

田原　マルクス流の共産主義、社会主義をひっくり返そうと。

西　そう思ったのです。ぼくらの世代には団塊の世代にいじめられた人も多くて、哲学・思想では浅田彰が同じ世代です。

田原　筑紫哲也が命名した「新人類」の代表ですね。でも、浅田彰は戦うというより、逃げるというイメージが強い。

西　『逃走論』で脚光を浴びましたからね。浅田彰が論じたポストモダンの哲学に共通しているのは、「これが真理だ・これが正義だ」という考えを疑うことです。代表的なポストモダンの哲学者であるフーコーもデリダももともと左翼ですけれど、**マルクス主義の「これが真理だ」という考え方をどう解体するかが彼らの大きな課題だった**のです。

田原　真理を押しつけられるのはイヤだと。

西　そうです。その権力性をどう解体するかがモチーフでした。ぼくらの世代でそういう問題意識を敏感にキャッチしたのが浅田彰だったと思います。ぼくも似たような問題意識で、ホッブズやデカルトから読み始めました。

田原　読んでみてどうでしたか。

西　最初はヨーロッパの哲学を全部ひっくり返してやろうと思っていたのに、読み進めていくうちに、だんだん説得されてしまった。読めば読むほど、「うーん、なるほどこの問題はこう考えるしかない」というような、突き詰めた考えを確かに哲学はつくってきていた。そのなかにはとても大切なものがあることにも、気づいてきたんですね。

幸福とは何かを哲学すると……

田原　絶対的な真理がない以上、**哲学は真理を見つけようと努力するプロセス**ですね。プロセスだから、答えを出したら意味がない。

西　でも、かなり深く普遍性のあるところまで考えを突き詰めることもできるのです。

田原　「かなり」はいいですが、「絶対」はないでしょう。

西　絶対というのは難しいし、逆に答えを出してはいけないものもあるんですね。ぼくがよく挙げるのが「幸福とは何か」です。幸福とは何かについて、他人が決めてはいけないでしょう。自分が生きるなかで、幸福とはどんなものかを探っていくものですから。

田原　だから、その「幸福」の代わりに「哲学」を置いてもいいのではないですか。

西　ところが、「人はどういうときに幸福だと感じるか」についてみんなで議論してみると、意外にバラバラではないのです。

田原　そうですか。

西　たとえば、自分の親しい人が自分のことを本当に大事に思ってくれていることがわかったとき、とてもうれしいし、幸福だと思う。あるいは、自分が大事だと思った仕事をやりとげたとき、やっぱり幸福だと思いますね。

田原　いや、もっと大事なのは、生活できることではないですか。今日、ご飯が食えないのでは、幸福ではないですよ。

西　そういう幸福の条件もありますね。幸福にはいくつかの条件や種類があるわけで、そういうことを考えることはできるし、そこに共通点ないし普遍性を見つけることもできるはずです。

田原　ぼくは今、七十九歳だけれど、**この年まで生きてきて、幸福とは信頼だ**と思っています。他人からいかに信頼されるか、他人をいかに信頼できるかということ。もちろん、最低限の生活ができることが前提ですけれど。

西　その考えには共感します。信頼という言い方はすごくいいと思う。

田原　「それが徳かな」という感じがします。もっと言うと、ぼくを批判する人からも信頼されるとき、とても幸せだと思います。

西　それはすごい。批判する人からも信頼される、というのは素晴らしいですね。だから、「幸福とは何か」という問いに絶対の正解を出すことはできないし、出してはいけないけれども、「人が幸福と感じるのはどういうときか」「幸福の大事な条件って何だろう」と考えてみることはできる。みんなで議論をして、お互いの体験を語り合っていくと、そこに「他人から信頼されたり、信頼したりすること」というような共通項が出てくるのです。

この**共通項を取り出すのが哲学**なのです。

第二章

とことん話し合う——ソクラテス

美少年が大好き

ソクラテスは紀元前五世紀に活躍した古代ギリシャの代表的な哲学者です。徹底した対話が特徴で、著作を書き残していませんが、弟子だったプラトンの『饗宴《きょうえん》』やクセノフォンの『ソクラテスの思い出』などによって、その哲学や言行を推し測ることができます。とくにプラトンは数多くの著作を残しており、その多くがソクラテスを主人公にした「対話篇」と呼ばれるスタイルで書かれています。

古代ギリシャでは、ソフィスト（知恵のある人）たちが家庭教師のようにお金を取って市民に政治や弁論術について教えていました。ソクラテスもソフィストのひとりでしたが、お金は取らなかったと言われています。

発端は神のお告げでした。アテネのポリス（都市国家）に、デルフォイというギリシャ神話に出てくるアポロンの神殿があり、この**神殿の巫女《みこ》が「ソクラテスは万人のなかで最も賢い」というお告げをした**のです。デルフォイの神託と呼ばれるものです。

ソクラテスは大変驚きましたが、神のお告げは絶対でしたから、当時、知恵があると言われていた賢者たちに会って話をしてみることにしました。そこで、わかったことは、賢者たちが「自分はすべてを知っている」と思っていたのに対し、**ソクラテスは「自分がすべてを知っているわけではない」ことを自覚しているということ**でした。自分が無知であることを知っているということで、「無知の知」と呼ばれています。

ソクラテスはどこにでも出かけて誰とでも会い、対話のなかで相手を問い詰めていきました。当然、相手は答えに窮してしまうわけですが、かといってソクラテスが正しい答えを出すわけでもありません。それは無知を自覚し、対話の相手を真理の探究に向かわせるためのソクラテス一流のスタイルでした。

デカルトやカントなど哲学者には禁欲的な傾向が見られますが、ソクラテスは全く違います。プラトンの作品『饗宴』は、飲み会（シュンポシオン）という意味です。集まった人たちがワインを飲みながら順番にエロス（愛）を賛美するというストーリーで、ソクラテスが美少年を愛し、夢中になっていることも書かれています。

ソクラテスは、アテネの神々を信じないことや若者を惑わせたことで人民裁判にかけられ、死刑を宣告されます。死刑執行まで三十日の猶予があり、この間にソクラテスは逃げるものと誰もが思っていましたが、ソクラテスは逃げずに毒杯をあおり、亡くなりました。

人民裁判から死に至るまでのソクラテスの言行については、プラトンの『ソクラテスの弁明』『クリトン』『パイドン』に詳しく描かれています。

死を前にソクラテスが残したのが、「**一番大切なことは単に生きることそのことではなくて、善く生きることである**」という有名な言葉でした。

ソクラテスvs.ソフィスト

ソクラテスが生きた紀元前五世紀、ポリスであるアテネは民主制を取っていました。他のポリスと同盟を結び、その盟主として大国ペルシャと戦って打ち破り、一時は隆盛を極めたのです。ところが、今度はスパルタとの戦いになり、三十年近くにおよぶペロポネソス戦争（紀元前四三一年〜四〇四年）の末に敗れてしまいました。その後、専制政治が行われるなど混乱し、人心も荒廃しました。

こうしたなかで、市民に大きな影響を与えたのがソフィストです。富や権力を握ろうとする有力者の家庭教師になり、議論に勝つための弁論術を教えました。有名なソフィストのひとりが、プロタゴラスです。「人間は万物の尺度である」と言って、物事の見方が人によって異なることを説きました。

それまでのギリシャの哲学は、「万物の根源は水である」と言ったタレスのように、この世界が何からできているかに関心が注がれていましたが、**プロタゴラスらによって哲学の対象が世界から人間へと転換した**のです。これは大きな転換でしたが、同時に今で言う相対主義がはびこりました。

ソクラテスは、自分の説くことが善いことかどうか吟味もせずに、議論に勝つことだけを至上とするソフィストたちの言動に痛烈な批判を浴びせました。そして、真理を追究することの重要性を説いたのです。

今回、プラトンの著作やソクラテスに関する本を読んでみて、ぼくは率直に言って、ソクラテスよりもソフィストの方に説得力を感じました。

ソフィストというのは、現代で言えば、弁護士のようなものです。弁護士は、自分が引き受けたクライアント側に立ち、そのクライアントを裁判で勝たせる、あるいは少しでも有利になるように弁論を展開します。

ソフィストの弁論術というのも、今で言うディベートの技術です。対立する主張について、自分がたまたま付いた側の主張の正当性を主張し、相手の主張を論破し合うのがディベートですが、ソフィストたちはまさにディベートの技術を教えたのです。

絶対的な真理などない以上、**現代は相対主義の時代であり、言ってみればソフィストの時代**です。現代哲学も、相対主義のなかで新たな突破口を探しています。ところが、西研は、物事を根っこからわかろうとする哲学のソウルがあるとして、真理を追い求めたソクラテスを高く評価します。ソクラテスはなぜ真理を求めたのか。絶対的な真理がないのに、真理を求めて何の意味があるのか。西研にとことん聞きました。

Talk Battle 愛知はいつ始まったか

田原　哲学は愛知＝フィロソフィアの訳ですが、愛知はどうして生まれたのですか。
西　二十世紀ドイツの哲学者でヤスパースという人がいるのですが、ヤスパースが「枢軸時代」ということを言っています。
田原　枢軸というのは、第二次世界大戦でも使われましたね。
西　独・伊・日など、連合国と戦った国々ですね。そのイメージが悪いので「軸の時代」

と訳す人もいます。紀元前八世紀から紀元前三世紀頃までを指すのですが、この時期に人類の生き方が大きく転換したと言うのです。ギリシャで哲学が起こり、インドでブッダが、中国で孔子が現れたように、現代まで深い影響力を保つ諸思想がこの時期に集中的に出てきます。つまり、**個人の生き方を考える思想が、洋の東西を問わず同時多発的に出てきたのです。**

田原　なぜ、人類の生き方が変わったのですか。

西　ぼくの大学時代の先生のひとりでもあるのですが、社会学者の見田宗介は、交易が盛んになって市場経済が発達して、その中心地として各地に都市ができたことを指摘しています。とくに、貝がらなどの自然物ではなくて金属で貨幣を鋳造するようになったことが、市場経済と都市が相当程度に発展したことを表す指標になると見田は考えました。その人類最初の鋳造貨幣がつくられたのが、紀元前八世紀のリュディアです。

田原　それは、どこですか。

西　小アジアで、今ではトルコになります。ギリシャで哲学が興るのが紀元前七世紀頃で、やはり小アジアです。そこにギリシャ人の植民都市であるイオニアがあって、そこのタレスという人が最初に哲学をした人だと言われています。

田原　なぜイオニアで哲学が興ったのですか。

西　都市では、それまで親や村の長老から教えられたものの見方では通じない人たちに出会うからです。つまりさまざまな文化の人たちが出会うわけです。そういう人たちが話し合って互いに納得できる考えをつくろうとしたのが「愛知」の始まりです。

田原　哲学者の梅原猛は、エジプトにもあったと書いています。

西　あれだけの高度文明があったのだから、おそらくあったと思います。都市でさまざまな人々が出会うと、「世界はどうなっているのか」「人はどう生きたらよいのか」を自分の頭で考えて、語り合う営みが生まれる。だから、各地でブッダや孔子が出てくるわけです。なかでも**ギリシャは、話し手の身分や職業や出身地が問われず、また神話の影響も早くに脱して、議論の説得力だけに重きを置いた言論のゲームがどんどん展開していった**のです。

田原　それがギリシャだったのですか。

西　そうですね、社会的な条件がよかった。奴隷制はありましたけれど、ポリスの市民たちは対等に話し合うことができました。「神は本当にいるのか」などと問うても、いきなり殺されることはなかったですし。インドにもインド哲学と呼ばれるものがありますが、ぼくの見るところ、「人々の命は輪廻《りんね》転生する、その苦しみの輪廻をどうやって脱出するか」という強固な枠組みがあって、この枠組みじたいを疑う思考はなかなか出てこない。素人ですから誤りかもしれませんが。ともかく、ギリシャではさまざまな好条件がそろったので、純粋に説得力だけを競う、自由な言論の営みが展開しえたのだと思います。

ギリシャ市民は「中小企業の社長さん」

田原　ギリシャではまず、自然科学が盛んになりますね。万物の根源は水だとか、火だとか考えています。

西　そうですね。それが科学という言葉ではなく、哲学と呼ばれていたんです。つまり言葉によって世界を合理的に説得的に説明しようとする営みは、すべて哲学（愛知）と呼ばれていました。この**哲学から、近代の自然科学も生まれてくる**わけです。ギリシャの自然哲学ではデモクリトスもよく知られていて、万物はもうこれ以上分割できない原子（アトム）が集まってできていると考えました。

田原　ところが、ソクラテスは「物質とは何か」「宇宙はどうなっているのか」といった自然科学の問題ではなく、「生きるとは何か」「人間とは何か」というようなことを考えたわけです。なぜソクラテスは、そんなことに興味を持ったのですか。

西　ソクラテスが生きた紀元前五世紀、ギリシャのポリスは大国ペルシャの脅威にさらされていました。そこでデロス同盟というポリスの連合軍をつくってペルシャと戦い、奇跡的に勝利したのです。それ以後、同盟の盟主だったアテネは繁栄を極めました。

田原　アテネはポリス、つまり都市国家ですね。

西　ポリスは市民で構成されていましたが、市民は同時に戦士です。ポリスは戦士国家でもあるのです。

田原　戦争のときは、みんな兵隊として戦うわけだから。

西　その通りです。ポリスの市民がどういう人たちだったかというと、「中小企業のオヤジ（社長さん）」をイメージすればいいと思います。荘園を所有し、奴隷と呼ばれる使用人を使ってオリーブを栽培する。そのオリーブからオイルをつくって販売して儲《もう》ける。あるいは、工場を持って壺をつくらせたりもする。荘園の**経営は妻や使用人の執事に任せて自分は監督する程度だから、カネとヒマを持っている**のです。こういう市民が議論をして考えをまとめていくというのが哲学の姿なのです。

田原　中小企業のオヤジは、とてもわかりやすい。

西　この市民は戦士でもありますから、戦う勇士でなければ恥ずかしいという価値観がありました。ところが質実剛健で国のために戦う勇士、という価値観はしだいにアテネではすたれていきます。なぜなら、アテネはデロス同盟の盟主として経済的に富み栄えますから、市民たちは裕福になろうとします。さらに民主制国家ですから、裕福になった市民は息子に家庭教師をつけて弁論術を訓練して、政治家にしようとする。そうして政治家として成功した者は、その権力を使ってまた金儲けをする。このように富と権力が重視されるようになって、国のために戦う気概や勇気が失われつつあった。とくに、若者たちは――そのひとりが若きプラトンだったわけですが――そういう風潮にガマンならなかったと思います。

田原　富や権力以上に大事なものがあるのではないかと。

西　まさしくそうだと思います。それで、**人間の生き方を考えるようになった**わけです。

現代はソフィストの時代

田原　今の日本も、当時のアテネと同じです。高度成長時代に富を求めて豊かになったけれど、高度成長が終わり、不景気が続いて失業も増えた。若者たちは、富や権力以外に何かあるのではないかと思っている。だから、哲学の出番なのです。西先生は、そういう若者たちの悩みに答えようとしている。

西　答えたいと思っているのですが、まだまだです。がんばらなくては。それで当時、家庭教師として**有力者の子弟にお金を取って弁論術を教えていたのが、ソフィストつまり「知恵者」と呼ばれる人たち**でした。ソクラテスはお金を取りませんでしたが、世間からはソフィストのひとりと見られていました。

田原　もっと言うと、ソクラテスはソフィストをやっつけたのですね。真理を見つけようとするソクラテスに対し、ソフィストは立場によって見方が違うと主張しました。今で言う相対主義ですね。

西　その通りです。現代は言ってみれば、ソフィストの時代です。

田原　そうでしょう。ポストモダンの哲学も相対主義ですね。真理などないと言っている。ところが、西先生はポストモダンに断固、反対しています。これは面白い。

そこで、聞きたい。ソクラテスはなぜ、真善美だったのですか。真は正義、善はモラルだから理解できるのです。でも、なぜ美が入るのか。美などどうでもいいではないですか。

西　これはまた面白い質問ですね。ソクラテスの憧れる美というのは、最終的には、「本物の生き方をしようとする魂の美しさ」なんですね。

田原　ソクラテスは美少年にべったりでしょう。

西　もちろんそうです。人はまず、美少年の持つ肉体や顔立ちの美しさに惹かれる。しかしそのとき無自覚ですが、その**美しい顔立ちのなかに、善い生き方へ向かおうとする美しい魂を直観している**、というのです。『パイドロス』という恋愛論があるんですが、そんな話です。

田原　ぼくは美少年より美少女の方がきれいだと思う。

西　いや、ぼくもそう思うけど、ギリシャの市民は男性だけの議論の場やつきあいを広範につくっていたんです。つまり男どうしで真善美について議論しているわけです。

田原　議論できるのは男性だけなのですか。

西　女性は入りません。男女平等ではないのです。妻は家族ではナンバー2で、家族の実権を握っている場合もあったでしょうが、政治には口出しをしないし、哲学もしません。

田原　だから、美少年なのか。

西　政治も哲学も幾何学もスポーツもすべて男の世界ですから、若者は活躍している先輩に憧れ、年長者は若くて美しい若者を「愛《う》いヤツめ」とかわいがるわけです。

田原 織田信長と信長に仕えた小姓で美少年だった森蘭丸《らんまる》ですね。

語り合うのが大事

西 話を戻すと、「人間が生きるうえで何が一番大事なのかを考えるのが愛知だ」というのがソクラテスの考えです。だから、**哲学をしながら何が魂にとって一番善いことかを考えなさい**、というわけです。

田原 神の存在とか、宇宙の始まりとか、そういうことを考えるのはよくないと。

西 よくない、というより、議論しても答えが出ないし、生きる役には立たない、という感じですね。だから、お互いに語り合うなかで「こういうことが大切だよね」というのを確かめて、そこに向かって生きようとすることが一番善いと考えているのです。

田原さんは、近江商人の商売の理念として「三方善し」ということを言いましたが、「三方善し」もその一例ですね。あるいは、学校の教師が、子どもたちが社会に出てひとりの人間として生きるうえで本当に力になることは何だろうかと考えて、教科を教えるのもそうです。

田原　そもそも教師になろうという人は、子どもをいい子に育てたいから教師になるわけで、金儲けしたいなら教師になりませんよ。

西　その通りですよね。そういうとき、「いい子」とは何か、どういう教育が必要なのか、ということを語り合って確かめないと先生たちは元気が出ないでしょう。そうやって**根っこに戻って大事なものを確かめることが、ほんらいの哲学**なんです。

田原　ソクラテスは、神を信じないことと若者を惑わせたことで死刑になります。死刑を宣告されたソクラテスが市民を前に弁明する『ソクラテスの弁明』を読んで、ぼくはがっかりしたのです。

そこで、ソクラテスは「神に命じられた」と言うのですが、神を持ち出したら意味がない。「私のやっていることはアテネ市民のためになる」と言わないといけない。なぜ、あんなヘタクソな弁明をしたのですか。

西　ヘタクソかなあ。ぼくは、そこはあまり厳しく見ていません。ギリシャ人が神殿にお参りするのは、日本人が神社に参詣するのと同じようなことで、たいした意味はないのです。

弁明のなかで、ソクラテスは「人間にとって大事なことは魂の世話だ。自分の魂を善くすることが何よりも大事であって、そのためにこそ自分は対話を続けてきたのであり、神を信じないとか若者を惑わせたということは全くない。善いことをしたのだから、ご馳走《ちそう》してくれてもいいくらいだ」というようなことを言っています。

田原　ソクラテスに関する本を読むと、「**ソフィストは知恵の淫売であり、哲学者にとって真っ向から対決すべき敵である**」と書いてありました。ソクラテスはそんなことを言っているのですか。

西　言っていますね。

田原　そんなことを言ったら、弁護士は全員、知恵の淫売ではないですか。この決めつけには首を傾げます。ソクラテスは相当エキセントリックですよ。

ソフィストの是非

西　ソクラテスがなぜ、そこまで激しくソフィストを攻撃しなければならなかったのかということです。

田原　そこです。

西　原子論で知られるデモクリトスの哲学もソクラテスに似ていて、「魂をどうやって快活にして生きるか」が哲学の課題だと言っています。ソクラテスは道徳的に生きよ、という感じが強いですが、デモクリトスは魂の快活さを求めるなかに道徳が含まれる感じですね。バランスが取れていて、ソクラテスよりまっとうな考え方だったかも。しかし、書いたものが散逸してしまったので、後世への影響はずっと少ないです。

田原　まっとうだけれど、ソクラテスのような面白味はないですね。

西　そうでしょうか。それはともかく、ソフィストの姿勢は、デモクリトスやソクラテスとは全く違うのです。

田原　どこが違うのですか。

西　まず、ソフィストの優れた点を言うと、**人間の認識はその人の見方や観点を抜きにしてありえない**と考えていることです。それまでの哲学者は、世界が何であるかを客観的に認識できると素朴に思っていたのです。しかし、人間がいなければ認識などない、とソフィストは考えました。たとえば、お腹がすいた人と満腹な人では、パンの意味が全く違います。

田原　正社員と非正社員で見方が全く違うのと同じですね。

西　その通りです。人間の見方や心持ちによって世界の現れが違うので、客観的な世界や絶対的な真理があるという考えは間違いだ、と言ったわけです。

田原　絶対的な普遍性はないと。

西　そうです。その立場を代表するのが、プロタゴラスの「人間は万物の尺度である」という命題です。万物を測っているのは人間であり、その人間も人によって時や場所によって違うというわけです。

田原　ソフィストにも論理があるわけですね。

西　ソフィストとは知恵者という意味ですから、知恵のある人たちだったのです。

田原　今で言う弁護士やコンサルタントですよね。

西　でも、少しタチの悪い弁護士なんですよ。ソフィストがお金をもらって教えたことのひとつに「両論」というのがあります。つまり、**どんな物事でも、賛成論と反対論がつくれるということ**です。今で言うディベートですが、観点を変えればどちらの主張を正当化する理屈もつくれるわけです。

田原　今で言えば、護憲か改憲か、どちら側にも立てる。

西　そのことを知っていたソフィストたちは、うまく観点をずらすことで白を黒と言い、黒を白と言う言論の技術を教えたのです。そうなると、語り合って「これは大事だよね」と確かめることができなくなってしまいます。だから、ソクラテスはソフィストを批判したのです。

哲学はディスカッション

田原　そこで、お聞きしたい。ぼくは、真理などないと思っているのです。ただし、「朝まで生テレビ！」をなぜやっているかというと、議論するなかで見えてくるものがあるからです。たとえば、原発問題にしても、**推進派も反対派もどちらも信用していませんが、議論することは大事**だと思っています。だから、ソクラテスの方法論も理解できる。ところが、日本の哲学者は議論をしようとしない。それが不満なのです。

西　確かに、哲学の本について仲間内だけで語っているところがありました。ぼくは誰とでも話すつもりですが。

田原　そこが、素晴らしい。ソクラテスもプラトンも議論を大事にしている。ぼくは、哲学というのはディスカッションではないかとすら思っているのです。

西　まさしく、そうなのです。プラトンの著作は、主人公のソクラテスがいろいろな人と対話していくという形で書かれています。正義や美徳、勇気などを主題に対話が行われるのですが、初期の対話篇の特徴は、答えがないということです。

田原　たとえば、どういうことですか。

西　ソクラテスが「本当の勇気とはどういうものだと思う？」と聞くと、相手が「敵を恐れずに戦うのが勇気だ」と答える。これに対してソクラテスが「何が正しいのかもわからずに武器を振り回すことが、本当の勇気と言えるの？」と嫌味を言うわけです。そうやって、**議論によって出てくる具体例について吟味するなかで、答えがボンヤリと見えてくる**けれど、ソクラテスは答えを出さないまま立ち去っていくというのがいつものパターンなのです。

田原　ソクラテスは、はっきりと意図を持ってやっているのですか。

西　そうです。対話によって議論が深まっても、答えを出してはいけないのです。それは、思考を停止させるからです。

田原　「朝生」でもそうなのですが、三時間や五時間ディスカッションしても、答えが出るはずがない。

西　答えが出ないまま、揚げ足取りをし合って終わったらつまらないですね。

田原　いや、揚げ足取りをしても、すぐにバレてしまいますから、「朝生」ではやらせません。揚げ足取りをするような発言があったら、「そんなくだらんことは言うな」とぼくの方から釘を刺します。

西　これは失礼。そうですよね、そんな発言を田原さんが許すはずがない。

哲学的な思考法とは

西　初期の対話篇のひとつに『メノン』という作品があって、哲学的な議論の模範のような内容になっています。主題は、古代ギリシャ人が気にしていた「徳とは何か」です。ちなみにソクラテスやプラトンでは、**正義と節制、知恵（思慮）、それに勇気の四つが徳の代表的なもの**とされています。話を戻しますが、ソクラテスがメノンに「君は徳とは何だと思うのかね」と聞くと、メノンは「男性の徳は敵を倒し、友を利することや政治をよく執り行うこと、女性の徳は家をよく治めることだ」と言うのです。

田原　荘園の使用人をうまく使うことですね。

西　そうです。子どもを教育し、家をよく整えるのが女性の徳だと。使用人には使用人の、執事には執事の、子どもには子どもの徳があるとメノンは説くわけです。

田原　ソクラテスはどう突っ込むのですか。

西　「それでは個々の徳の実例を挙げているだけで、徳とは何かに答えたことにはならない。個々の実例の根っこになっている何かを言葉で言ってほしい」と言うのです。

田原　物事の本質というようなことですね。

西　そうです。ここでは答えは出していませんが、「役割をきちんと果たすこと」といってもよさそうですね。このようにソクラテスは、『メノン』で本質を問い求める思考法を初めて自覚的に示したのです。同じように、**美や正義と呼ばれるものの根拠を問うて言葉で言おうとするのが、哲学の思考法**です。

田原　でも、ソクラテスは徳とは何か、わかっていなかったと思う。つまり、本当の徳を見つけようとするのが哲学で、わかっていたら哲学をする必要はないはずです。

西　哲学することでわかってくるということですね。

田原　だから、わかろうと努力するのが哲学であって、本当はわからないのではないですか。ある哲学者は、自分とは何かとか、人は何のために生きるのかとか難問は聞いてはいけないと言っています。

西　いや、聞いてもいいんです。しかし原理的に答えが出ない問いもあるのです。人は何のために生きるのか、という問いには決定的な答えは出ないですよね。でも、「なぜ人は生きる意味を問うてしまうのか（動物にはそういうことはなさそうだ）」とか「どういうときに人は生きる意味を実感するのか」という問いならば、皆が納得できるような答えを出すことができます。どのように問えば皆が納得できる答えが出るか、ということも、哲学の重要な技術のひとつなのです。

田原　どうも哲学者は、答えが出るとつまらないので、難問に難問を重ねているのではないか。難問を解こうとする努力が哲学だと思っているのではないですか。

西　ぼくはその哲学観には反対です。「答えを出さないでとことん考え続けることこそが哲学なのだ」と言う哲学者もけっこういるのですが、やっぱり**哲学は少しずつでも答えが見えてこないと面白くない**のですよ。

第三章

憧れの哲学

――プラトン

哲人政治という理想

ソクラテスの弟子で、紀元前四世紀のギリシャで活躍した哲学者がプラトンです。アテネの名門貴族の出身で、政治家をめざしましたが、スパルタとの泥沼の戦争で疲弊し、衆愚政治に陥ってしまったアテネの政治に幻滅し、ソクラテスの弟子となります。ところが、プラトンが二十八歳の頃、師匠のソクラテスが人民裁判にかけられて死刑に決まり、毒杯をあおって死んでしまいました。このため、プラトンは**人民裁判を題材にした『ソクラテスの弁明』をはじめ、ソクラテスを主人公にした「対話篇」と呼ばれる数多くの著作**を書き記しています。

プラトンの作品は初期、中期、後期に分けられますが、『ソクラテスの弁明』や『メノン』など初期の作品は、ソクラテスの言行を再現したものと見られます。その後、イタリアやエジプトを旅し、イタリアでは三平方の定理で有名なピタゴラス学派の哲学者たちと交流しました。彼らの幾何学や魂の不死という考え方は、プラトンに大きな影響を与え、中期以後の作品では、「イデア」を中心としたプラトン独自の哲学が練り上げられていきます。

その集大成とも言えるのが、代表作である『国家』です。国家は統治者と戦士、それに生産者の三つの構成部分からなり、人間の魂も分別と勇気、それに欲望の三つの部分からなります。これらを組み合わせることによって、王制や貴族制、寡頭制や民主制など六つの政治形態が生まれます。

富や権力のある市民が政治家になり、衆愚政治に堕したアテネの苦い経験から、プラトンは民主制を評価せず、**哲学者が為政者となるか、為政者が哲学を学ぶことによって国を統治する哲人王による政治を最善の政治**としました。

哲人政治では、統治者や戦士などの支配層に私有財産を認めません。支配層は共同で生活し、生活に最低限必要な報酬を与えられます。ある種の共産主義国家と言えますが、妻子をみんなで共有し、子どもは国家のもとで育てるなど、ぼくらからすれば妄想のようなことばかり言っています。

こうした理想国家を支える哲学者を養成するために、プラトンはアテネ郊外に「アカデメイア」と呼ばれる学校をつくりました。これが大学など高度な教育機関のルーツであり、学問や芸術などで権威を持つアカデミックという言葉の語源になっています。

プラトンは現実離れした理想国家像を描いただけでなく、酒好き美少年好きだった好色のソクラテスと異なり、私生活でも禁欲主義者だったと思われます。よくプラトニックラブと言われますが、これはプラトンのような純愛ということで、肉欲や性欲に溺れず、相手の崇高な人格や精神を愛することを意味しています。

イデアとは何か

真理を探究しようとするソクラテスの哲学を受け継いだプラトンは、イデア＝真実在という本質があると考えました。生成発展する**現実世界の彼方に、永遠不変の理想的なイデアが存在すると主張した**のです。

たとえば、オリーブの実ひとつとっても、大きさや形、色つやなどが微妙に違っていますが、ぼくらはどれもオリーブの実として認識しています。これについて、プラトンはオリーブの実に共通する本質であるイデアがあり、そのイデアと照らし合わせることによって個々の実をオリーブと認識できると考えました。

オリーブやパンなどは具体的なものですが、徳や正義、美などは目に見えない抽象的な概念です。こうした概念について、プラトンは奇抜な考えで説明しています。人間の魂はもともとイデア界にありましたが、現実の世界で肉体を持つ際にイデア界のことを忘れてしまった。ところが、現実世界で徳や正義が行われるのを見ると、イデアを思い出して認識するというのです。しかも、イデア界が真実の世界であり、現実の世界は仮象の世界にすぎないとまで言っています。

たとえば、『メノン』においてはまだイデアが出てきていませんが、主人公のソクラテスは、不死の魂は全知で、徳が何かという本質についても知っていると答えています。しかし、**現実界で肉体を持つ際に忘れてしまったので、議論して探求することによって、忘れているものを思い出す必要がある**と言います。これが、魂の想起です。

『国家』で哲人王による政治が説かれたことは述べましたが、哲人王がめざすべきものとして示されたのが善のイデアです。善のイデアがどういうものかが、「洞窟の比喩」などで説かれます。私たちは洞窟のなかにいる囚人のようなもので、壁に映る自分の影を見ているだけで、背後で自分を照らしている火＝善のイデアを見ていないというのです。このように、善のイデアが哲学の究極の目的であり、このイデアを自分のものとした哲学者によって最善の政治が実現されるとプラトンは考えました。

『ティマイオス』や『法律』など後期の作品では、宇宙は神々の知性によって動かされていることや、現実世界は神によって永遠不変のイデアをモデルとしてつくられたことが語られ、イデアは宇宙論に発展していきます。

現実とは別にイデアの世界があるというプラトンの考えは、現代ではナンセンスと言わざるをえません。しかし、西研は、**あくまで真理を探究し続けたプラトンの試みは、哲学本来の営みとして評価できる**と言います。プラトンはなぜイデアを考えたのか。イデアにどういう意味があるのか、徹底的に聞いてみました。

Talk Battle

プラトニッククラブ

田原　プラトンは、イデアという理想を掲げて現実を否定するわけでしょう。プラトニッククラブだから性欲もダメだと言っているわけですね。

西　いや、違いますよ。

田原　セックスがダメだから、プラトニッククラブなのでしょう？　この世にない真善美を求めるから、現実は仮象の世界だと。

西　ニーチェはプラトンをそういうふうに批判しているわけですが、ぼくはそうではないと思うのです。たとえば、プラトンの著作はすべてソクラテスが主人公ですが、ソクラテスは美少年好きのしょうもない男なわけです。エロスが大好きなんです。

田原　それは、わかります。

西　エロスには、**相手を自分のものにしたいという欲望もあるけれど、その人の美しさへの憧れも含まれている**でしょう。プラトンはその憧れの方を強調するのですが、だからといって、セックスが悪であるという言い方は絶対にしない。

田原　でも、肉欲はダメだと言っている。

西　それも言っていないのですよ。人が誰かを好きになるとき、ある種の純粋さ、ピュアなものを感じるでしょう？　たとえば、田原さんが子ども時代、陸軍大将や首相を務めた東条英機をお国のために戦おうとしている立派な人だと思ったなら、キラキラ輝いて見えたかもしれない。

田原　ぼくを含めて、当時の子どもたちは東条英機には憧れを持っていません。連合艦隊司令長官の山本五十六《いそろく》には憧れがありました。

西　山本五十六の方ですか。ナルホド。軍人に憧れるのとはだいぶ違いますが、恋愛にも「魂の美しさを感じる」ということが含まれていると思うんですね。自分の経験からすると、いくら容姿の整ったキレイな人でも、その人の魂がキレイだと感じないと心が動かない。ぼくは哲学屋だから、そういう傾向が強いのかもしれませんが。

田原　ソクラテスは美少年にべったりでしょう。

西　ソクラテスはベタベタですが、**肉体的な交わりを持たない方がより精神的に高め合えるのでいい**と言っているのです。交わってもいいけれど、ただ性欲を満たすために若者と交わるのは下《げ》なのです。

田原　なぜ下なのですか。

西　少年をかわいいと思うだけでなくて、その子が将来、立派な魂に成長し、社会的にも活躍できるように配慮したり世話をしたりするのが、年長者の取るべき姿なんですね。ソクラテスやプラトンに限らず、ギリシャの少年愛にはそういう風潮がもともとあったようです。ソクラテスやプラトンはとくに「魂を高め合う」ということを強調するわけですけれど。

大事なのは善のイデア

田原　プラトンには、正義や道徳がありますね。この正義と道徳とは、どう違うんですか？

西　道徳は自分の内面で善悪の判断をすることで、個人レベルで語られるのがふつうです。十八世紀のカントがはっきりとそういう使い方をしています。正義という言葉は、社会正義という言い方があるように、社会的に実現されるべき正しさ、たとえば「公正さ」のようなことを指すのがふつうです。ですが、**プラトンが正義と言うときには、個人的・社会的という区別はない**ようです。

田原　プラトンには区別がないのですか。

西　プラトンは、正義を個人の「徳」として語ることが多くて――正義の人という場合ですね――そうなると、道徳的な人といっても同じですね。でも、この正義という言葉を「社会がきちんと整った状態にあること」という意味で使ったりもしています。だから、個人的にも社会的にも使っているわけです。

田原　ところで、ソクラテスとプラトンの思想は違うのですか？

西　プラトンの著作はすべてソクラテスを主人公にしていますから、どちらの思想か区別しにくいんですね。ですが、イデア論、「善のイデア」という言葉が有名ですが、これはソクラテスのものではなくて、プラトン独自の思想だと言われています。

田原　また難しい言葉が出てきました。善のイデアというのは何ですか。

西　いったんソクラテスに戻ってみますね。前の繰り返しになりますが、ソクラテスが「徳とは何か」とメノンに質問する。するとメノンは「男の徳は敵を挫《くじ》き、味方を利することだ。女の徳は家をよく整えることだ。子どもには子どもの徳、使用人には使用人の徳がある」と答える。するとソクラテスは「それは答えになっていない。ぼくが尋ねているのは〈徳とは何か〉ということだ。つまり、**それぞれの徳を徳たらしめているような共通のものがあるはずで、それを答えてほしい**のだ」と返すのです。

この「さまざまな徳に共通する根本のもの」――これがローマ時代には「本質」（エッセンス）と呼ばれることになります――を、対話によって探究するのがソクラテスの哲学だったわけです。

しかしプラトンの初期の対話篇では、ソクラテスは決して答えを出さなかった。そしてこれが実際のソクラテスの姿だったのでしょう。ところがプラトンは中期になって、**「さまざまな実例に共通する根本のもの」を、「イデア」という言葉で呼び始める**のです。

田原　それは、ずるくないですか。

西　う一ん、答えが最初から決まっているのはずるい、とおっしゃるのですね。確かにそう言いたくなるのはわかります。でも、答えが決まっているかというと、微妙なところもあるんですよ。

プラトンの中期の代表作に『国家』という作品があります。やはりソクラテスが語るのですが、その中身はプラトンの創作と言われているものです。このなかでプラトンは、正義のイデア、美のイデア、節制のイデアなどいろいろあるが、一番大事なのは「善のイデア」だ、これをこそ探究しなくてはならない、と言っているのです。

ここから後の新プラトン主義の哲学者たちは、「善そのもの」という巨大なイデア、つまり「真実在」（真に存在する根本のもの）があって、そこから正義や美や節制のもろもろのイデアが流出してくると説明しています。こうなると、善のイデアとは要するに一切の善きものを生み出す神のこと、という感じになって、全くの神話になってしまいます。

でも『国家』を読んでみると、どうも違う。――「正義とは何か」を理解するためには、

「正義はなぜ〝善い〟のか」と問わないといけない。「節制とは何か」でも同じで、やはり「節制とはどういう理由で善いのか」と問わないといけない、と言っている。正義・節制・思慮・勇気の四つはギリシャ時代に重要と考えられていたもので、四元徳などと呼ばれたりするのですが、それぞれの徳の根拠を深く考えていくと、それらがどういう点で本当に〝善い〟のかを考える必要がある。つまり、あらゆる哲学の問いは、「よさ（善）とは何か」を考えることに帰着する。そうプラトンは言っているのです。

田原　その善は、道徳と関係するのですか。

西　道徳も含みますが、有用性や美も含みます。

田原　今は**善＝道徳だけれど、プラトンでは善が道徳より広い**のですね。

西　そうですね。キリスト教のような禁欲主義だと、善というのは道徳的な善になりますが、それとは違うのです。

田原　禁欲ではない。

西　禁欲ではないのです。「善」と訳されていますが、「よさ」なんですね。人が生きるうえでの「価値」と言いかえた方がわかりやすいかもしれない。人がワクワクして生きていくために、人が生きるうえでの「よさ」（価値）とは何なのか、「よさ」の根拠を考えよう、というのが、ソクラテスの哲学でありプラトンの哲学でした。その哲学観にはぼくは深く共感するのです。プラトンはイデアを語りましたが、根本はソクラテスと変わっていないといえるかもしれない。

善を求める人

田原　人が生きる基本というと、単純に言えば、金欲か権力欲か名誉欲ですね。善はこれらと関係ありますか。

西　あります。お金がある種の善ないし「よさ」をもたらすから、人はお金を求めるわけでしょう。また、何らかの「よさ」を与えるからこそ、人は権力を求める。だから、プラトンは、富や権力について悪口を言うこともありますが、決してそれらを否定しているわけではありません。

田原　否定はしていないのですか。

西　お金や権力を使う際にも、それを**どう使うのが本当に善いのかを考えなくてはいけない**、とは言います。道徳的な善だけではなく、役に立つことや気持ちがいいことも含めて、プラトンは「よさ」と言っています。

田原　快楽も善に含まれるのですか。

西　そうです。だから、広い意味での「よさ」です。よさを探究しようとしたのが、プラトンなのです。

田原　真善美のなかの善が中心なのですね。

西　善のなかに正義や美も含まれるわけで、この善、つまり「よさ」が一番大切であって、これこそ探究しなくてはならない、と言うのです。ですからプラトンは、真理を求める人というよりも、「よさ」（善）を問い求める人、という方が適切だとつねづね思っているのです。

田原　プラトンは「美そのもの」と言いますね。美のイデアとは美そのものだ、善のイデアとは善そのものだ、と。そんな「美そのもの」なんていうものがあるのですか？

西　プラトンでは、美そのもの、つまり**美の本体があって、それがさまざまなものに宿って個々の美しいものになる、**という言い方になっています。そういう意味での「美そのもの」があるかというと、ないでしょうね。

田原　そもそもイデアというのは何ですか。

西　もともと「見えた姿・形」という意味からきた言葉ですが、プラトンでは「真実在」という意味を持っています。「本当にあると言えるもの」ということで、具体的な現実のものよりも根本にあるもの、「本体」ですね。

田原　ですが、イデアがあるから、現実が仮象、仮の世界になる。

西　確かにプラトンの語り方ではそうなってしまっているところがあるのです。どう説明しようかなあ、困ったなあ。

正義とはバランス

田原　たとえば、正義という徳について、真実在は何なのですか。

西　プラトンは『国家』のなかで、正義を論じています。正義には個人レベルの正義と国家レベルの正義のふたつの次元があって、どちらも同形だと考えるのです。その**正義を一言でいうと「バランスが取れていること」**となります。

個人レベルでいえば、人間の魂をプラトンは①欲望と②勇気と③理性の三つの部分に分けて考えています。食欲を失ったら人間は生きられないので、欲望は大事ですが、欲望に負けて自分をコントロールできなくなるとまずい。そこでこの三つのバランスが取れているのが「正義（正しいこと）」だということになる。

田原　プラトンも、理性が大事だと考えた。

西　そうですね。ただし、理性は欲望を否定するのではない。

田原　でも、ぼくらが電車で痴漢をしないのは、理性の働きでしょう。違いますか？

西　その通りです。ですから、あるところでは欲望を抑える必要がありますが、欲望を根こそぎ否定しはしないのです。欲望を悪だとしてしまうと、キリスト教的な禁欲的な考え方になります。欲望などなかった方がよかったのに、ということになってしまう。

田原　まさに禁欲ですね。

西　そういう発想ではないのですね。自分のなかで**欲望を理性的にコントロールできることが重要**だとプラトンは考えたわけです。

田原　自律ですね。自分を律する。

西　そうです。欲望と勇気と理性がよい形でバランスが取れているのが正義、ということになる。

田原　欲望と勇気と理性がバランスを取っているのが正しいあり方だと。

西　そうですね、この場合の正義は「正しいあり方」と呼ぶのがピッタリきますね。さらに国家の正義も同じになります。国家にも①農民や職人などの一般市民と、②軍人と③為政者がいます。一般市民は欲望、軍人は勇気、為政者は理性に相当します。そうした**各層のバランスが取れていることが、国家における正義（正しいあり方）**だとプラトンは考えました。

でもぼくは、これはあまり説得力のある答えだとは思わないのです。正義とは何か、と私たちが問うとき、ふつうは「社会正義が成り立つ根拠」、つまり、政治権力や法律が正しいといえるとすればその根拠は何か？ということを知りたいのであって、国家の正常なあり方ではないですから。ですがともあれ、これがプラトンの正義の説明です。

田原　それを真実在と言うのですか。

西　まあそうですね。「正義とは〜だ」の答えがイデアつまり真実在ですから。このイデアについて、たとえば『パイドロス』では、天上に存在している永遠不滅な真実在で、知性のみが目にすることができ、目にすると喜びに満ちる、と語っています。

しかしこのイデアですが、ぼくは「探究の目標」と考えればよいと思うのです。「正義そのものがあるはずだ、それは何だろうか？」というような目標ですね。「正義そのもの、節制そのもの、思慮そのもの、美そのものがあるはずだ、議論し探究していけば必ず答えが見つかるはずだ」と考えればよいと思うのです。

じつは『パイドロス』でも、**真実在つまりイデアは、目には見えず思考によってしか知られない**、と言われています。そこから見ても、イデアは知的探究の目標といえそうです。探究していって「確かにこう考えるしかない」というところまで突き詰められれば、イデアに達したということになるのでしょう。

田原 なぜ結論が先にあるのですか。

西 確かにそこが怪しい点です。イデアがある、と言ってしまうと、結論が先にあるみたいで、おかしいですよね。プラトンの『国家』では「善のイデア」を探究することが一番大事だと言っています。そこでは、哲学者が国家を統括する「哲人政治」を主張していますから、為政者は身体を鍛えるだけでなく、哲学を行って「よい（善）とは何か」を考えなければならないというわけです。確かに「善のイデアがある」とは言っているのですが、そこでも答えが出されているわけではない。やはり、善のイデアは探究の目標として示されているのです。

田原 ぼくが親しい学者の西部邁《すすむ》は「民主主義は愚民主義だ」と言うのです。「では、何がいいのか」と聞いたら、哲人政治だと言うので、「哲人は誰が選ぶのか」と聞いたら、答えがなかった。

西　確かにそれは答えられないでしょうね。プラトンでは、哲学者であり為政者でもある人びとが素質のありそうな若者を選んで訓練する、ということになっています。でも一番最初に哲学者＝為政者を誰が選ぶのかは、書いてない。

田原　答えられないなら、哲人政治なんて意味がないとぼくは西部に言ったのです。

なぜイデアなのか

田原　プラトンはなぜ、イデアなどというものを持ち出したのですか。イデアがあるなら、議論の意味など全くないではないですか。

西　ぼくの仮説を言ってみますね。まず、**プラトンは死後に生まれ変わるという「魂の不死」を本気で信じていた**と思うのです。

田原　でも、生まれ変わるなら、哲学をやる必要がないでしょう。

西　いやいや。もう少し聞いてください。

田原　あの世などなく、一回きりの人生だから、生きるとは何か、自分はどう生きるかを突き詰めるのではないか。

西　おっしゃることはわかります。でも、プラトンが魂の不死を信じていたのは確かだと思います。『パイドン』ではかなり無理な「魂の不死の論証」をしています。つまり**肉体を離れた魂だけの世界があって、その魂だけの世界には「善そのもの」「美そのもの」のようなイデアがある**、と考えていたようです。『パイドロス』では、魂がそういった純粋なイデアの世界から落っこちて肉体をまとったのが人間だ。だから人間は美や正義に憧れるのだ、という言い方もしています。「これはあくまでも物語として語るんだが」と断ってはいるのですが、やはりそういうことを信じていたようにぼくには思えます。

田原　プラトンは、現実は仮象だと言っています。

西　プラトンは自分が開いた学校であるアカデメイアでは幾何学の勉強を重視したのですが、幾何学をモデルにしてイデアを考えた可能性もあります。直角三角形の図を描くと、線には太さがありますから完璧な三角形にはならないし完全な直角もつくれない。でも三辺が三センチ・四センチ・五センチからなる純粋な直角三角形は頭の中にはしっかりとある。理念としては確かにあるわけです。そんなふうに、個々の美しいことや個々の正しいことの根本をなすような、美や正義の理念もあると思っていたのかもしれません。

田原　それではつまらないですね。

西　だから、**ニーチェは、イデアという訳のわからないものを現実世界の向こう側につくるのはおかしいと批判する**わけです。

田原　そう言っていましたね。

西　ただ、繰り返しになりますが、『国家』のなかに「善のイデア」の内容説明は全くない。ただ、正義や節制や勇気などの徳のよさを探究することが大事だ、と言っているだけなのです。ということは、前期対話篇と同じで、イデアがあるとは言っていますが、その中身については何ひとつ語っていない。

田原　そうすると、哲学とは善のイデアを求める努力だということになるけれど、西先生は「哲学は努力ではない」とおっしゃっている。プラトンはダメではないですか。

西　努力がいけないわけではないです。努力はすべき。ただ、「誰もが納得するようなものは決してつくれない、だから努力だけがある」というのは違うと思うのですね。哲学の歴史を見ると、「これについてはこう考えるしかないなあ」というような、突き詰められた答えに出会います。デカルトにもカントにもヘーゲルにもそのような確かなものがあるのです。

ですが、もっと根本的にいうと、「どのような仕方で問えば、誰もが納得しうるような答えが出るか」と考えることが必要なんですね。問い方の工夫が重要ですし、さらに、どうやって答えの正しさを確かめたらよいか、ということも重要です。ここでは詳しく言えませんが、フッサールの現象学はそういうことを徹底して考えて、「誰もが納得しうる答え」をつくっていくためのやり方を整備したのです。あえて一言でいえば、**互いの経験を照らし合わせながら共有できるものを取り出していく**やり方なのですが、そうした哲学のやり方の基本をつくったのが、ソクラテスとプラトンだとぼくは考えています。

田原 プラトンは、イデアという架空の概念に逃げたのではないですか。

西 ただ、イデアといっても中身がなくて、探究しなさいとしか言っていないのですよ。

田原 だったら、イデアなどと言わなければよかった。

アリストテレスの批判

田原 プラトンの弟子であるアリストテレスは、プラトンの彼岸を此岸に、つまりイデア論を現実論にしたと言われます。だから、ある意味で、先生であるプラトンを批判したわけですか。

西　その通りです。プラトンを批判したのです。プラトンのイデア論は、**彼岸にイデアの世界があると言うわけですが、そんなものがどこにあるか？ということ**です。たとえば、湯呑みは職人がイメージを頭に浮かべてつくったもので、そのイメージがイデアに当たるわけです。でも、現実にはイデアと材料が一緒になって湯呑みができているのであって、湯呑みから離れた純粋なイデアなどないでしょう。

田原　要するに、真実在などない。

西　まさしくそういう批判をしたわけです。プラトンの『パイドロス』では、「これは物語だ」と前置きしたうえで、魂はもともとイデアの世界に住んでいたけれど、欲望があったために肉体を身にまとって現実の世界に墜落し、イデアへの憧れを忘れてしまうのだと書かれています。ところが、人は美しいものに憧れるとき、かつて見ていたイデアの世界を思い出す。だから、恋愛は哲学に通じるとプラトンは言うのです。

田原　物語として語っているけれど、現実界の向こうにイデアの世界があって、死んだらそこへ行くと考えているわけですね。

西　そうですね。しかしアリストテレスは現実的にものを考えるので、イデアの世界などないと師匠を批判するわけです。確かに、天上界と現実界とふたつに分けてしまったら、おかしなことになります。しかし、人が素敵な生き方や立派な生き方に憧れるということはあるでしょう。プラトンは、そういう**素敵さの核心を、語り合いながら言葉でつかみ取ることはできるはずだ、そこをめがけて生きていこう**、と言おうとしたわけです。

田原　そこなのですよ。プラトンには強烈な憧れがある。イデアは一種の憧れなわけだ。

西　そうそう、そうなんです。善い生き方に憧れる、憧れの哲学なんですよ。

田原　アリストテレスは憧れを否定するのではないですか。それでは、ぼくはつまらないと思うのです。

西　そうなのです。人の生き方についても中庸、つまりバランスを取って生きていけばいいということになる。

田原　確かにそんなものはつまらない。

魂の不死

田原　中期の作品『パイドン』では、魂の不死をめぐって議論が交わされています。プラトンは魂と肉体をどういうふうに分けているのですか。

西　肉体がなくても魂は残ると考えていたようです。

田原　現代であれば、魂は脳神経系の何らかの現象と考えるわけでしょう。プラトンは、魂というものがあると思っていたのですか。

西　魂があると思っていて、全く証明にならないような理屈で述べています。やはり魂の生まれ変わりを信じていたようですね。

田原　西先生はどうですか。

西　ぼくは、死後の世界はわからないという立場です。ないともいえないし、あるともいえない。しかし**自然科学の世界像だけだと人間が生きる世界像として足りない**、とは思っています。

田原　自然科学に束縛されない自由もありますね。

西　魂が死後も存続するということだけを聞けば、変なことを言っているというふうに思いますが、プラトンのモチーフは理解できるように思います。魂の不死を説いたために、プラトンは彼岸の世界のことばかり考えていたようにイメージされやすいのですが、ぼくがプラトンを読んできた印象では、人が何かに憧れる、その憧れをどうやって育んでいけるかという切り口から、哲学を考えたと思うのです。

田原　プラトンは神を信じていますか。

西　ギリシャの神々ですけれど、信じていただろうと思います。少なくとも無神論的なことは言っていません。その神々を無視すると、場合によっては裁判にかけられて処刑されることもなくはなかった。

田原　神を信じるならば、正義も道徳もこの世界も全部、神がつくってくれるわけでしょう。そうしたら、哲学など必要ないではないですか。

西　ソクラテスも神を否定することはなかったけれど、お互いに対話して「これが本当のことだ」というのを探し求め、確かめて生きるという生き方を提案しているわけです。

田原　人間の生き方を考えるのですから、**哲学が学問のひとつになってはつまらない**とぼくは思っているのです。

西　その通り。ぼくも全く同じ意見です。

田原　いや、面白い。こんな楽しい話はない。極端にいうと、生まれて初めてですよ。

西　さすが田原さん、鋭い質問がきますねえ。ぼくも楽しみになってきました。

第四章

すべてを疑う――デカルト

近代哲学の始まり

近代哲学の父と呼ばれる哲学者が、フランス出身のルネ・デカルト（一五九六～一六五〇年）です。若い頃、志願して三十年戦争に従軍し、ヨーロッパ各地を旅した末に、交易で繁栄していたオランダに住んで思索を続けました。イギリスのフランシス・ベーコンらが経験を重んじたのに対し、理性を重視したことから、**デカルトの哲学はスピノザやライプニッツらとともに大陸合理論**と言われています。

デカルトが登場する前の中世ヨーロッパは、農村社会で交易もすたれ、閉じたムラ社会になっていました。そこにキリスト教が広まり、人々は神が示した絶対の真理に従って生きていました。この時代にもスコラ哲学（神学）と言われるものがあり、たとえばトマス・アクィナスが『神学大全』を書いて、全能の神がいるのに世の中に悲惨があるのはなぜかといった難題に取り組んでいます。しかし、西研によれば、神が示した絶対真理に従う神学は哲学ではありません。人の生きる意味や価値について議論し、考えて、納得した形で共有するのが哲学の営みですから、この間、西欧の哲学は滅びていたのです。

ところが、十三世紀頃からイタリアのフィレンツェなどと中東との交易が盛んになり、都市が発達し始めました。農家の次男や三男が都市に出て職人や商人になる道が開かれ、都市には自由な空気が横溢《おういつ》しました。また、危険ではありましたが、航海して珍しい品物を持って帰って売れば、一攫《いっかく》千金の長者になれるため、人生をかけて航海に出る商人も出てきました。

そして、東ローマ帝国に保存されていたプラトンの著作がヨーロッパに入ってきます。それをフィレンツェのメディチ家に仕えていたフィチーノという人がラテン語に翻訳してプラトン全集をつくったのが、十五世紀のことです。都市の商人たちはそれを読んで、ソクラテスがアテネの町をブラブラと歩いて、若者たちと正義とは何か、徳とは何かと話していたことを知り、その自由闊達《かったつ》さにしびれるわけです。そして、ギリシャやローマの文化に憧れ、取り戻そうとした。これがルネッサンスです。

こうしたなかで、地動説を唱えたニコラウス・コペルニクスや落体の法則などを説明したガリレオ・ガリレイらが登場し、**自分の頭で考え、実験や観察で確かめる自然科学が勃興**しました。デカルトは数学や幾何学を含めた自然科学に大きな影響を受け、自らも研究していますが、自然科学だけでなく、生きる意味や価値を問うことも含めた根本原理をつくろうと考えました。

このように、中世に滅びていた哲学の営みをもう一度、復活させようと試みたのがデカルトで、だから近代哲学の父と呼ばれたのです。理性を重視する**デカルトの哲学は近代合理主義と言われ、ぼくらが合理的に考える思考方法のルーツになった考え方**です。

我思う、ゆえに我あり

デカルトの主著が『方法序説』です。真理を求め続けたデカルトの思索の過程が自伝的に描かれた著作です。デカルトは「ボンサンス」（良識）と言っていますが、人間は誰でも生まれながらにして理性を持ち、真偽を判断することができるとデカルトは考えました。

ところが、理性の使い方がまずいために、なかなか真理に到達することができない。すべての根本となる原理を見つけたいと考えたデカルトは、学校で学び、本を貪《むさぼ》り読みました。それでも飽き足らず、「世界という書物」で学んでみようと、ヨーロッパ各地を長期間にわたって遍歴したのです。

この思索の旅に、デカルトはいくつかの方針を持って臨んでいます。ひとつは、先入見を避けることや見落としがないように隈《くま》なく点検することなどの思考準則であり、もうひとつは、その土地の法律や習慣に従うことなどの行動準則でした。デカルトの律儀で誠実な人柄が推し測られます。

デカルトはすべてを疑い、とことん吟味しましたが、自分が納得できるような認識の根拠はなかなか見つかりませんでした。そして、長い探究の果てにたどりついたのが、すべてを疑っている自分だけはあるということです。これが「**我思う、ゆえに我あり**」です。当時、ヨーロッパの知識人が使っていたラテン語で、コギト・エルゴ・スムと言います。デカルトは、これを第一原理として自らの哲学を打ち立てたのです。

「我思う、ゆえに我あり」と文語で言われると何か深い言葉のように思われますが、要するに考えている自分がいるということです。ぼくら現代人からすれば、どうということもないことに思われますが、当時の哲学にとっては画期的な出来事だったわけです。

ところが、この原理から難しい問題が生じました。考えている自分＝主観を立てたことによって、その対象である世界＝客観が分けられてしまい、主観と客観が一致しなくなってしまったのです。それは同時に、魂（精神）が肉体（物質）とどのようにつながっているのかという難問を生じさせたのです。

デカルトは『省察《せいさつ》』という著書で、**真理を認識できる理性のルーツは神である**として、神の存在証明をしました。しかし、とても納得できる証明ではなく、デカルトが残したこの難問はその後、西欧哲学の根本問題となりました。

デカルトはなぜ、すべてを疑わなければならなかったのか。なぜ、生涯をかけてまで真理を求め続けたのでしょうか。デカルトの本を読んで説得され、触発されたという西研にじっくりと聞くことにします。

Talk Battle

極度の情熱

田原　デカルトは二十二歳のとき、志願して軍隊に入り、オランダに行きます。その後、三十年戦争に惹かれて今度はドイツに行きます。船で追いはぎに遭って、剣を抜いて戦ったりしました。あちこち歩いて、世界という大きな書物で学んだ。そのデカルトがなぜ、また書斎に入ったのですか。

西　デカルトが求めたものを一言でいうと「自由」だと思うのです。それも、いろいろな制約から解放されるということだけではなくて、本当に納得できるものの考え方を見つけるということに、彼は自由を感じていた。

田原　なぜ軍人になるのですか。自由を求めたのならビジネスでもいいではないですか。

西　なぜ軍人なのかはわかりませんが、デカルトは二十歳をすぎた頃、すでに哲学者として生きる決意をしているのです。ラ・フレーシュ学院ではすごい秀才でした。彼の著書『方法序説』には、**数学や幾何学は明証性があるけれど、道徳学は根拠があいまいで、何ひとつ信じるに値しない**と思ったと書かれています。

田原　デカルトは一時期、数学を熱心に追究しましたね。

西　はい。数学は一生研究をしています。幾何学は公理から始まってさまざまな定理を理詰めで論証していきますね。なので、本当に納得できる理屈がここにはある。しかしスコラ哲学も勉強してみたが、それにはきちんとした根拠がどこにもない。これはダメだと思うのです。

田原　哲学はダメだと思うのですか。

西　しかし、自分で考えて納得できる道筋を見つけられるはずだと思ってもいた。それで、学校の理屈はそれなりに理解したから、実際に世間を見てやろう、自分の目と頭で確かめようと思って、学校を飛び出したのでしょう。そういうところもぼくは好きですね。『方法序説』では、自分はあちこちに行ったが、人々が従っているのは「習慣と先例」だった。本当の意味で十分に考えられた理屈に従って生きている人はほとんどいないと言っています。

田原　理論的な根拠もなく、習慣や先例で生きているだけだと。

西　それと同時に、**「われわれと反対の考えを持つ人も野蛮なのではなく、われわれと同じくらい理性を用いている」**とも言っています。つまり人間の理性というものはどこに行っても変わらない、ということですね。

田原　そうすると、デカルトはソクラテスやプラトンを評価していなかったのですか。

西　ギリシャの哲学ではダメだと思った。そこで面白いのですが、自分は本当に納得できる考えを得たいという「極度の情熱」を持ち続けたと言っていることです。

田原　アリストテレスはザ・インテリだったけれど、デカルトはただのインテリではない。

西　書斎のインテリ、ではないですね。これは本当だということを自分で探し、それに従って生きたいというすごい情熱がある。そのためには身体を張ってでも、というところがあるのです。そこで面白いことが『方法序説』に書いてあるのです。自分はとことん探究したいが、しかしどう行動したらいいかわからないままだと不決断で何もできなくなってしまう。それは危ないから、**その土地の考えや信仰には従うことにしよう、と行動の方針を同時に立てている**のです。森のなかで迷ったときには右往左往するのが一番いけないから、方針を決めて突き進むのがよい、とも言っています。

田原　まっすぐに突き進む。

西　そうすれば、いつか森から出られるだろうと。デカルトという人は強いのです。

新しい自然科学の影響

田原　デカルトは、その土地の習慣や信仰には従ったのですね。

西　とりあえずは従うけれど、自分としてははっきりした方針を持って真理を徹底的に探究していこうと思っていたわけです。

田原　その方針というのは、どうやって見つけるのですか。

西　幾何学から見つけたのだと思います。デカルトが挙げている〝真理探究のための方針〟は四つあって、①明証的な疑えないものだけを真とする（明証性）、②問題を細かい小さな問いへと分析して考える（分析）、③もっとも単純で認識しやすいものから始めてだんだんに複雑なものへと登っていく（総合）、④見落としがないかを確認する（枚挙）、です。

これは自然科学にも共通する思考法ですね。デカルトが生きたのは、自然科学が発展しつつあった時代です。デカルトの三十歳上がガリレオ・ガリレイです。ガリレオは実験や観察によって得たデータから法則を見つけ出そうとした。つまり数学を使って物体の運動を明らかにしようとしたのです。その法則に疑いがあったら誰でも実験や観察をして確かめればいい。このようにして、誰もが納得できる知識を求めたのです。

田原　実験に実験を重ねて、地球の周りを太陽が回っているのではなく、太陽の周りを地球が回っていることを確かめるわけですね。

西　そうですね。自然科学は全く新しい思考法で、その特徴のひとつは実験と観察に基づくことですが、もうひとつ、幾何学から大きな影響を受けているのです。幾何学は当時、大学の科目に入っていたらしいですが、これが近代の科学者たちにとって特別なインスピレーションになった。なぜなら、**幾何学は「単純なものをもとにして複雑なものを理詰めで証明していく」**というスタイルを持っていたからです。たとえば、二点を通る線のうち最短距離の直線が一本だけ引ける、というような、誰でも正しいと思われる「公理」をいくつか置いておく。そこから全くの論証によって積み上げていって、複雑な定理を証明していく。

田原 たとえば、三角形の面積は底辺かける高さ割る二だということですね。

西 そうやってひとつひとつ証明していくわけです。このように、単純な公理から複雑な定理を証明していく、というようにして、ものの運動についても、単純な法則から複雑な動きを導き出すことができる。ガリレオやデカルトの後にニュートンが出てきますが、ニュートン体系——高校で学ぶものですね——はすごくシンプルです。作用・反作用の法則、慣性の法則、それに運動方程式の三つが「運動の三法則」ですが、それと万有引力の法則が基本原理。これでもって組み立てられている。

田原 リンゴが落ちるのを見て、万有引力を思いついたと言われています。

西 そうですね。こんなに少ない原理だけで天体の運動から地上の運動まですべて説明できる、という超優れものの体系なのです。明らかに、幾何学的な構成を持っている。

田原 そうか。ニュートンは幾何学なのですね。

西 最初に**シンプルな原理を定めておけばそれですべてが説明できる、**というこのスタイルが、幾何学からヒントを得ているんですね。なぜなら理詰めでとてもスッキリした形が成り立っていて、しかもそれが正しいかどうかは誰もが自分で実験（追試）して確かめることができる。合理的、かつ、検証可能な知識だからです。

田原　はっきりした根拠がある。

西　偉い人の言うことや昔から伝えられてきたことにただ従うのではなくて、自分で確かめて「なるほど」と納得する。デカルトは、そういう自由な学問がしたかったのです。

田原　つまり、哲学には**オーソリティー（権威）がいて、根拠のない論理が繰り返される**けれど、数学や幾何学にはオーソリティーはいらない。誰でも実験すれば結果が出ると。

西　その通りです。デカルトにとって、新しい自然科学は自由で新鮮に感じられたのです。

すべては偽でありうる

田原　デカルトは自然科学の持つ自由さに憧れた。

西　デカルト自身、自然科学者としても優秀で、虹の研究をしたり、人体の解剖をしたりしています。その自由を自分もどんどん進めたいと思ったわけです。

ぼくはデカルトを読むと、**ものを考えることは自由だという明るさと、物事をはっきり知ろうとする強さとを感じる**のです。

田原　もっというと、数学や自然科学には政治的な圧力がかからないし、弾圧もされない。

西　地動説については弾圧されたわけですが、神のことに触れなければ問題はなかった。デカルトは解析幾何学も始めていて、図形をグラフで表そうとしました。グラフにすれば、方程式で全部処理ができますから。だから、哲学をやらなくても名前が残ったぐらいの学者だと思います。

田原　自然科学者としてもすごかったわけですね。

西　では、なぜ哲学をやらなければいけなかったのか。なぜ「我思う、ゆえに我あり」なのか。デカルトは旅をしながらも、しばしば引きこもって思索したり書いたりしていたのですが、『方法序説』では、「少しでも疑わしいものはすべて疑うことにしよう」という思考実験を行ってみたことが書かれています。そしてそれまでの認識すべてを吟味した結果、認識の根拠が疑われなかったものは一切なかったと。「目の前に茶碗がある」というのはふつう疑いようがないと思えますが、それについても「夢かもしれない」。

こうしてすべては偽でありうる、確かではない、というのがデカルトの答えだったわけですが、すべてが偽であるかもしれないと考えている私自身は確かにある。「我思う、ゆえに我あり」ということだけは、いかなる懐疑論によっても揺るがない確かなものだとデカルトは認めざるをえなかったのです。

田原　ぼくは「我思う、ゆえに我あり」のくだりを読んで、半分ガックリしたのです。こんなことのために、一生を費やしたのかと。

西　ハハハハハ。

田原　ここに茶碗があり、お菓子がある。それは、自分が思うからあるのだと。つまり、「我思う、ゆえに我あり」と考えることは、そんなに難しいことではないと思うのです。にもかかわらず、考えに考え抜いて、やっとわかったと本には書いてある。だから、「なんだ、そんなことか」というふうに思ったわけです。

西　デカルトがなぜ、そんなことを考えたかというと、ひとつには**すべての学問の一番基礎になるような、公理に当たるような何かを発見したい**ということがありました。どれほど疑っても疑いえないような第一原理が発見できれば、それを基盤にして学問を積み上げていくことができるのではないか。

田原　デカルトはそういうものがあるに違いないと思ったわけですが、なぜ第一原理があると思ったのですか。

西　ぼくら現代人は真理とか原理とかに懐疑的なわけですが、デカルトはそうではなかった。素直といえば、素直だったのでしょうね。

自由と公共性

田原　西先生はデカルトのどこに魅力を感じたのですか。

西　デカルトは**本当に納得できるものに自由を見ました**が、そこには公共性の感覚があるのです。『方法序説』ではボンサンス（良識）と言っていますが、理性のことです。理性は公平に配分されているから、正しく使えば誰でもきちんと考えて進んでいける。

田原　デカルトは公共という言葉を使うのですか。

西　公共的とは言いませんが、誰でも理性を持っていると。

田原　ちょっと脱線しますが、ぼくは国家も政治も信用しません。倫理も道徳も信用していない。ただ、憲法によってぼくらは言論や職業選択の自由など基本的な人権を持っている。そういう人権を持った人間が数十人いたら一定の秩序が必要で、それが公共ですね。

西　デカルトの公共は社会思想まではいきませんが、きちんと考えることによって誰でも同じように考えを積み上げることができる、と言っています。

田原　議論していけば、共通点が見つかると。

西　そうですね。土地によって習慣や信仰は違っても、人間は皆同じ理性を持っている。その理性をデカルトは信じるわけです。では、誰でも納得できる考えをどう積み上げるか。そのために、ありとあらゆるものを疑っていく。そうやって**誰もが認めざるをえない出発点をつくろうというデカルトの試みの徹底性**を、ぼくはとても買っています。

田原　デカルトは、ギリシャ以来の学問がダメだから、もう一度、学問の体系的改革をめざすと言っています。それと関係がありますか。

西　その通りです。デカルトは自然科学者でもあって、自然を数学的・法則的に捉えようとする努力をしていたわけですが、しかし、それだけでは足りないことを知っていた。自然科学は、生きる意味や価値の問題を扱えないからです。物理学は決定論で、基本的には法則ですべてが決定されていると考えます。人間の思考も脳でつくられ、決定されているかもしれない。そうすると、自由意志などないということになりかねない。

田原　自然科学では出てこない。

西　そうですね。自由意志も出てこないし、生きるうえでの価値や道徳も、死後の世界や神があるかどうかといった問題も、自然科学では扱えません。すると、そういったことも含めて理性的に考えて納得できるような学問がさらに必要になります。生きるうえでの価値や道徳について語る学問を道徳学とデカルトは呼んでいますが、自然科学と道徳学の両方を可能にするような根本原理が必要になるとデカルトは考えたのです。

田原　両方を可能にする。

西　両方の土台になる部分です。形而上学と言ったり第一哲学と言ったりしています。その核心が「我思う、ゆえに我あり」なのです。『哲学の原理』という本の「仏訳序文」では、学問全体を一本の木になぞらえて、**根が形而上学、幹が自然学、枝が医学と機械学と道徳学**と言っています。

田原さんは「我思う、ゆえに我あり、なんてものは、誰でも考えられることだ」と言いましたが、どうですか。

田原　いや、それなら面白い。

そこまで疑ったのはなぜか

田原　逆に言えば、デカルトは目の前にある茶碗の存在すら疑った。デカルトはなぜ、そこまで疑ったのですか。

西　本気で茶碗の存在を疑っているわけではないのです。あえて疑うことによって、**絶対に確実な土台で出発点になるものを見つけようとする**わけですね。疑いえない原理を見つけるための「方法」として懐疑するので、方法的懐疑と言うのですが。

とはいっても、茶碗の存在すら疑うのはある意味で異常ですね。デカルトは、ぼくらが見ている現実が、実は「脈絡のある夢」かもしれないと言って疑っています。

田原　連続の夢かもしれない。

西　今ふうに言うと映画の「トータル・リコール」や「マトリックス」の世界です。ぼくらが現実だと思っているものは、脳内に与えられた情報によって構成されているだけの世界かもしれない、ということですね。現代哲学では「培養器のなかの脳」問題と言われています。私たちが信じている実在の世界は、じつは培養器のなかに置かれた脳にいろんな電気信号が与えられた結果として信じられているだけかもしれない、というわけです。論理的にはその可能性は否定できない。デカルトもそこまで考えておいて、もし、そうだとしても、**疑ったり考えたりしている自分の存在は疑いえない**、というふうに結論するわけです。

田原　なるほど。

西　ただ、自分が見ているものの一切が幻かもしれないわけですから、見たり触ったりしているこの茶碗が実在していることを何が保証するのかという難しい問題が出てきます。

田原　見ているものですら幻かもしれないと疑ったわけですね。それほど真理を見つけるのが難しいとデカルトは思ったのでしょうか。

西　そう言ってもいいかもしれない。どんな懐疑にも耐えうる究極の地点まで突き詰めようとするデカルトの情熱には、単なる学問好きということではなくて、何が真理なのかよくわからなくなっているという時代背景がありました。デカルトの生きていた時代は宗教対立の時代でしたから、カトリックとプロテスタントが激突し、殺し合ってまで自分の正しさを主張していた。

田原　カトリックとプロテスタントは、どこが違うのですか。

西　カトリックはローマ教皇がトップで制度化された既成権力ですね。そこにはパウロ以来つながっているという伝統的な聖性があります。その権力の腐敗にプロテスト（抗議）したのがプロテスタントです。でも一番違うのは、プロテスタントが聖書主義で、聖書を読んでキリストの一番大事な教えを汲み取ろうとしたことでしょうね。伝統的な聖性を信じるのではなく、自分で読んで納得したいという近代的な精神がプロテスタントにはあります。

田原　それで、殺し合いもする。

西　そうなんです。これは、それまで人々をつなぎとめてきたキリスト教の土台が揺らぐということですから、ヨーロッパの精神史のうえできわめて大きなことだったはずです。つまり、**何を信じてよいかがわからなくなった時代**なのです。社会学者の見田宗介（真木悠介）は、世界に対する安定感や信頼感がとことんそぎ取られた不安がデカルトのなかにはあったのではないかと言っています（『時間の比較社会学』岩波現代文庫、第四章）。そんなふうに何を信じていいかよくわからなくなっているなか、誰もが納得できる形で考えを積み上げていく自然科学の方法が、非常に魅力を持ったものとして出てきたのです。

それにしても、田原さんの質問は厳しいですねえ。あまりの鋭いツッコミに、冷や汗タラタラですよ。これはもう一度、腰を据えて押し戻していかないと。あらためてなぜこんな徹底的な懐疑が必要だったのか、ということですが、その理由を「世界像の多様性の自覚」と言ってみることができると思います。

田原　世界像の多様性というのは、どういうことですか。

西　デカルトはヨーロッパ各地を旅した。宗教戦争もある。ある人々にとってはこれが当たり前で真実だと思われているが、他の地域の人たちにとっては全く真実などではない。そういうふうに、人の世界像（ものの見方）がきわめて多様であることを、デカルトは自覚していた。

世界像はバラバラである。それでも、きちんと考えていったら――つまり理性を用いるならば――どんな人でも共有できることがあるはずだ。そのようにして、バラバラな世界像に橋をかけること。言いかえると、**各人の納得に基づいて共有しうる世界像を構築すること**が、デカルトの求めるものだったのです。

田原　自覚というのがよくわからない。

西　世界像の多様性の自覚とは、つまり、私が当たり前で確かなことと思っていることは、

「私にとってそう思えているもの」にすぎないのかもしれない、ということです。それを極端に推し進めれば、目の前にある茶碗すらも私にとってそう見えるだけかもしれない、ということになってくる。

田原　すべてが幻かもしれない。

西　そうです。「人間の世界像はバラバラだ」ということを極端に推し進めて思考実験をしていけば、「他者と共有しうるものはゼロ」という地点にいったん立つことになります。ところが面白いのは、逆説的な見方ですが、全くのバラバラの極点である「私だけの世界」のなかに、共有されうるものが見つかってくる。つまり**「私があれこれ疑ったりあれこれを感じたりしていること」だけは確かである**と。

田原　だから「我思う、ゆえに我あり」。こうデカルトは宣言するわけだ。

西　このくだりを読んでいる読者は、無意識のうちに、この理屈を自分に当てはめてみるはずです。すると「確かにそうだ、こうやって疑ったりしている私だけはいる」と思う。このようにして、他者と共有しうるものはゼロ、という地点のなかに、「考えている私があるのは確かだ」という共有点が見つかる。

これと似たことは、小説においても起こります。たとえば、「自分は誰からも理解されない」と感じている人がいるとする。しかし、ある小説が「その理解されなさ」の感覚を見事に描き出してくれていた。すると「オレの『理解されなさ』の気持ちをこの人はわかってくれている」と思うでしょう。孤独というのは文学において普遍的なテーマでもあって、**「他者とつながれない孤独」がじつはみんなに共通するものである**ことがわかってくる。

田原 とても逆説的だけど、読者は理解できるのだろうか。

西 デカルトは今なお、多くの読者を惹きつけているのですが、それは「何が本当なのかサッパリわからなくなってしまった」という人や「他人の気持ちなんて本当にはよくわからない、共有しうるものなんてないんじゃないか」と疑念を持つ人だと思うんです。

田原 戦後の日本人もある意味でそうだったかもしれません。何が本当かサッパリわからなくなった。

西 ぼくもマルクス主義や左翼の考え方が疑わしくなって途方に暮れた経験があるのですが、「すべてが疑わしくなってしまったが、こう感じたり思ったりしている私だけは、ある」というデカルトの言葉は、非常に共感できるものだと思うのですね。そこには、私の世界のなかに確かなものがあることの発見と、同じことが私だけでない他の人たち（他の

「私」）にも起こるはずだ、という発見。そういう仕方で、「我思う、ゆえに我あり」は、私を他の「私」とつなぐわけです。この仕方を発展させると、フッサールの現象学になります。

田原　それはどういうことですか。

西　「感じたり思ったりしていること」の世界、主観的体験的世界に戻ってみると、そこには「なつかしい」「嫉妬」とか「これは悪だ」とかさまざまな感情や思いがありますよね。自分の体験を材料にしながら、どの人の体験にも共通するような特質は何か、と問うて、言葉にしていくことができる。たとえばどんな「なつかしむ体験」にも共通なものは何か、と問うて、自分で確かめて、相互に確かめる。そのようにして、**人間の生の共通なものを見出していくことができる**わけですが、そうした仕方を最初にしたのがデカルトの「我思う、ゆえに我あり」だとぼくは考えています。

デカルトは神を信じたのか

田原　デカルトは神を信じていたのですか。

西　『省察』には神の存在証明が入っていますが、単なる理屈だけでなくて、信じていたと思います。なぜ神が必要とされたか、ということはハッキリしています。「目の前に茶碗があると思う自分」は存在するのだが、この茶碗は頭のなかにあるだけで現実には存在しないかもしれない、ということでしたよね。私と現実との間には切れ目が入ってしまった。だから、自分の思考と現実を結びつけることが必要になってくる。そのために、神を要請したのです。

田原　現実と思考を結びつけるわけですね。

西　そうです。やり方はいささかこみ入っています。まず、かなり苦しい理屈で神の存在証明をします。「私はあれこれ考えたり悩んだりする不完全な存在である。しかし私のなかには完全なるものの観念がある。これはおかしい。神がその観念を吹き込んだと考えるしかない」という理屈で、神を証明する。そのうえで、**神は善意ある存在だから人間の理性をきちんとつくってくれたはず**だ。だから、人間がきちんと明白に見て取ることは信用してよい、と言って「理性の品質保証」をするのですね。そのうえで最終的には、私が見たり触ったりしている事物は現実世界にも九割がた存在するはずだ、と『省察』では言っています。ただし、色とか匂いは感覚器官がもたらすものにすぎず、物体そのものには長さや重さなどだけが属する、という話になっています。

田原　「我思う、ゆえに我あり」だから、現実はどうでもいいのではないですか。

西　そうしたら、私の世界は私だけの世界で、他人と共有できるものを一切欠いてしまうことになりますよね。当然、自然科学も成立しなくなる。デカルトは、**「私だけ」の世界から「みんなにとって」の世界に出て行く道をつくらなくてはいけなかった**わけです。

田原　だからといって、神などいらないではないですか。

西　一般的にいって、デカルトの生きた十七世紀には、神は存在しないという考え方をするのは難しかったと思います。ヨーロッパでは、生の意味や道徳を与えてきたのは神ですから、神がないとすると、生の意味も道徳もないことになってしまいかねなかった。もっともデカルトは思考と現実の一致を保証するために――主観と客観の一致といっても同じですが――一神を持ち出しているわけで、神に「認識の客観性の保証」という役割を持たせていますから、その点は新しかったのですが。ちなみにヨーロッパで無神論といえる哲学者が出てくるのは、十八世紀イギリスのヒュームからです。

　この問題はよく考えてみると、しかしとても難しいのですね。ヒュームは、「私の頭のなかと客観的現実とを比較できる『第三者』がいれば一致が確かめられるが、そんな第三者はいない。誰も自分の意識の世界の外には出られない」とハッキリ言い切ってしまっています（『人間本性論』）。つまり、思考と現実の一致を確かめることは原理的に不可能なんですね。どんなにリアルだと思えても、やはりそれは私の意識するものでしかない。こうして、この問題はヨーロッパ哲学を貫く大問題になっていきます。

田原　そうすると、我が思わない現実もあるかもしれないということですか。

西　というよりも、自分の考えていることが夢幻ではなくて本当に現実といえるもの、ないしは、皆と共有できるものでなくてはならないわけです。そのために、**自分と現実の間をつなぐものとして神を要請している**わけです。

ただしデカルトは哲学者ですから、誰もが納得できる理屈で神の存在を証明しなければならないと考えた。例の完全性に基づいた神の証明は、ぼくは成り立っていないと思いますが、「証明」しなくてはならないという意識はハッキリあったはずです。「聖書に書いてあるから」という理由ではダメなのです。

田原　マリアが処女のままキリストを産んで、死んだキリストが復活するなど、ウソに決まっているわけですから。

西　ウソだと思っていたかどうかはわかりませんが、「聖書に書いてあるから神はいる」

というのはデカルトの流儀ではなかった。完全で善意ある存在としての神があり、その神が人間の魂を創造した、ということにはなっていますが。

田原　デカルトの神は天地創造の神ではないのですか。

西　『省察』には、七日間で世界を創造した神、という話は出てこないですね。創造主としての神という話は出てこなかったと思います。

田原　ニヒリズムでもない。

西　ニヒリズムではないですね。共有しうる真理もありますし、自由意志もありますし、魂の不死もありますから。ですが、安心して身を委ねられるものがどこにもない、だからこそ確かなものを見つけなくてはならない、という切迫感のようなものはあったかもしれません。

肉体と魂の関係

田原　デカルトは肉体と魂についてどう考えたのですか。

西　非常にシンプルに、**物質と精神は根本的に違うもの**と考えていました。物質には「延長」がある。つまり、空間のなかに一定の広がりを持っている。それに対して、あれこれ考えることは働きであって空間のなかに体積を占める必要がない。精神の本質は「思考」であって延長を持つ物体ではない。

田原 要するに、体積がないのだから、人間のどこかに魂があるわけではない。

西 そうですね。でも、人間は肉体という物質と魂とが結び合ってできていると彼は考えた。

田原 そこを聞きたい。なぜ、体積のない魂が肉体を動かせるのですか。

西 まさしくそこです。それがすぐに問題になりました。

田原 そうでしょう。

西 肉体と魂は全く別なものだから、**肉体が滅んでも魂は滅ばないとデカルトは言った**わけです。

田原 魂は永遠だと。

西 それはおかしいと言って、デカルトの弟子で唯物論者になった人もいたようです。物体と物体であれば、ぶつかったりして相互作用ができますが、体積のない魂と延長する肉体は全く別のものであるのに、どうやって相互作用ができるのか。これが大きな疑問になってきます。デカルトは、脳内にある松果腺という器官を通して精神が肉体をコントロールすると説明しましたが、後世の哲学者たちは納得しませんでした。

田原　それはそうでしょう。

西　ぼくも納得しないのですが、デカルトが「精神と物体とは全く異なったものだ」という論をつくらねばならなかった理由は、わかります。もし精神が全くの物質的な現象であるとすると、物質は決定論的世界ですから、人間の自由意志も生きる意味も価値も、滅びてしまいます。だから、デカルトはどうしても、人間が生きる意味や価値を見出せる場所をつくらなければならなかった。物体ではないものとして、**「あれこれ感じたり思ったりする我」という場所**をつくらなければならなかったわけです。意味や価値は私が感じたり思ったりする場面にしか出てきませんから。だから、精神と物体の二元論は、理屈としては苦しいですが、それをつくったモチーフはわかるのです。

田原　ふつうに考えれば、唯物論で言った方がずっとすっきりする。

西　でも、道徳学というか、生きる意味や価値の領域を確保するために「我思う、ゆえに我あり」という場所をつくっておく必要があったのです。

田原　それは今の道徳とは違うのですね。生きる楽しみは入らないのですか。

西　デカルトは『情念論』というのを書いていますが、カントほど禁欲的ではないです。

田原　ぼくが不満なのは、デカルトやカントに喜びや楽しみがあまりないことです。

西　次章で見ていきますが、カントは道徳が大好きで本当に禁欲的な人でした。

第五章

道徳をつくる

――カント

コペルニクス的転回

ドイツの哲学者イマヌエル・カント（一七二四～一八〇四年）は、当時の東プロイセンの首都ケーニヒスベルク（現ロシア領カリーニングラード）で馬具職人の四男として生まれ、この町で生涯を過ごしました。

家庭教師などをしながら哲学や自然学の著書や論文を書き、認められて四十六歳のときに母校であるケーニヒスベルク大学の教授となります。そして、五十歳代半ばに出した主著『純粋理性批判』が大きな反響を呼び、一躍「時の人」となりました。

カントは教授時代、朝早く起床し、午前中は大学で講義や執筆を行い、帰宅後、**決まった時間に決まった場所を散歩するという厳格な生活をしていた**と言われています。カントがルソーの著書に読み耽って散歩に出なかった日、近所の人たちが心配して騒ぎになったという逸話が残っています。

理由はわかりませんが、カントはニュートンと同じように生涯独身を通しました。カントの生き方や暮らしぶりを見ると、デカルトと違ってものすごく暗い感じが拭えません。

フランス出身のデカルトは主観と客観を分けて近代哲学を始めましたが、イギリスのロックやヒュームらは客観的な世界は認識できないと主張しました。これに対し、カントは客観的な世界を「物自体」と呼び、物自体は認識できなくても、主観に現れる現象界は他者と共有できるとして、大陸合理論やイギリス経験論の難問を克服しました。これは、哲学のコペルニクス的転回と呼ばれています。カントからフィヒテ、ヘーゲルと続く哲学の流れは、ドイツ観念論と呼ばれ、西欧近代の哲学の最高峰と言ってよいと思います。

面白いのが、アンチノミー（二律背反）の議論です。宇宙に始まりや終わりがあるのかないのか、世界に絶対者がいるのかいないのかといった問いは、究極の難問として古代から考えられてきました。これらの問いについて、カントはわざわざイエスの答えとノーの答えのふたつとも証明してみせます。つまり**正反対の命題が同時に成り立っているという奇妙な状況、つまり「二律背反」**をいったんつくり出す。そのうえで、この問題は原理的にどちらかに決定することが不可能だということを証明していきます。このようにカントは、膨大な時間を費やして、これらの問いが決定不可能、つまり解けない問題であることを論証しています。

ぼくに言わせれば、わざわざ結論のない問題に取り組んで、苦しんでいるとしか言いようがありませんが、西研は解けないことをきちんと論理立てて説明することが、哲学にとって大事だと言います。

カントは『純粋理性批判』『実践理性批判』『判断力批判』という三つの批判書を出して、理性そのものを批判しました。カントはなぜ、近代哲学が御旗に掲げた理性を批判したのか。理性を批判して、どのような哲学を考えたのか。西研に徹底的に聞いてみたいと思います。

人間の道徳

もうひとつ、カントで見逃せないのが道徳論です。

プロイセンとフランスが一七九五年に平和条約を結んだのを機に、カントは『永久平和のために』という小著を刊行していますが、この本では「常備軍を全廃すること」や「戦時にも暗殺者の使用や敵国に対する反乱扇動をしてはならないこと」など、国家がしてはならないことを述べています。また、永久平和を実現するために、**国際連盟を創設して道徳的立場から国際法で戦争を禁止することを提案**しています。まさに、近代合理主義の理想を述べたものと言えます。

道徳をテーマにした『実践理性批判』で、カントはまず意志の自由について述べます。人間の行為はさまざまな条件の連鎖によって左右されるので、意志の自由がなければ、責任を取ることもできません。では、意志の自由があるとき、どのように行動すればよいか。

そこで、カントが示したのが「汝の意志の格律が、常に同時に普遍的な立法の原理として妥当しうるように行為せよ」という道徳法則でした。格律というのは、自分が「こうだ」と思っている自分なりの方針のことです。たとえば、相手に対して「ウソはつかない」とか「約束は守る」といったことを考えればよいと思います。

わかりやすく言うと、**自分がこうしようと思っている方針が、他の人たちが納得できるような普遍性を持っているかどうか、よく考えて行動するということ**です。そうやって方針を吟味できるだけの良心が人間にはあるとカントは言っているのですが、ぼくに言わせれば、それは願望にすぎません。

ただ、カントの道徳論には、当時の時代背景があります。西研によると、それまでの道徳は神から与えられたものでした。ヨーロッパの人たちは、それまで為政者や宗教者の言うことに従って生きていたのです。これに対し、カントは自分の立てた方針に普遍性があるかどうか考えて行動するという自由な生き方があることを示しました。ちょうどフランス革命が一七八九年に起きて、王や貴族に服従するのではなく、自分たちで納得できる国をつくろうという自由の息吹が広がった時代でした。だから、カントの哲学はフランス革命とともに若者たちを熱狂させたのです。

カントの考え方は、どうも禁欲主義的な色合いが強いという印象が拭えません。それだけでなく、**カントが理想とした道徳は今や地に堕ちた感**があります。カントの道徳論は結局、現実離れした理想にすぎなかったのではないか。この道徳の問題についても、西研と対論してみたいと思います。

Talk Battle

なぜ理性まで批判したのか

田原　カントもデカルトと同じで、主観から考えるわけですね。

西　そうです。それまで世界は客観的にあるし、それを正しく捉える視点があるはずだと素朴に信じられていたのです。ぼくらもふつう、そう信じていますね。

田原　客観というものがあると。

西　ところが、デカルトが「我思う、ゆえに我あり」という哲学の根本原理を見つけると、客観的な世界があると単純に言えなくなってしまいます。デカルトの影響を受けてイギリスのジョン・ロックやデヴィッド・ヒュームも主観から考えますが、それに続いて、カントも主観から考える哲学をひとつの大きな体系にしたわけです。

田原　理性は、偏見や感情や妄想を排し、きわめてバランスの取れたものですね。

西　偏見をなるべく排して考えようとするのが理性ですね。

田原　にもかかわらず、カントはなぜ理性まで批判したのですか。理性はそれまで批判を免れていたわけですね。

西　大変いい質問ですね。人間の理性は、幾何学に見て取れるように合理的に推論していく能力であって、基本的にはすべての人に平等にあるものだ、とデカルトは『方法序説』で述べています。この理性に対する信頼は、西欧近代の姿勢を象徴するものでもあります。ところがロックの頃から、**理性を使ってもうまく答えられない問題があることがわかってくる**のです。

田原　どういうものですか。

西　ロックが自宅のサロンで議論していて、たいていのテーマでは意見が一致するのだが、道徳と神の問題についてはいくら話しても意見が一致しなかった。このことからロックは、議論をしてきちんと答えが出る事柄と、いくら議論をしても答えが出ない事柄があると考えたと言われています（『人間知性論』「読者への手紙」）。つまり、人間理性は万能ではないことがわかってきた。

田原　ロックの頃から理性批判という発想があるのですか。

西　そうです。カントは、これを徹底的に推し進めました。カントはもちろん人間の理性の能力を信じていますけれど、理性は必然的にある種の解けない問いを生み出してそれにかかずらって苦しむ、と言っています。「絶対者は存在するかどうか」「魂は不死かどうか」「世界に始まりはあるかどうか」という類の問いです。これはカントに言わせると、原理的に答えの出ない種類の問いなんですが、でも理性はこれが気になってぐるぐるとこの問いの周りを回ってしまうのです。

カントの言う**理性批判というのは、理性に対する悪口ではない**んです。理性の能力を吟味して、この範囲ならきちんと使えるがこの範囲を超えるとうまく使えなくなってしまう、ということを明確にすることでした。

アンチノミー

田原　カントはアンチノミー（二律背反）ということを言います。世界は空間的時間的に始まりがあるのかないのか、無限なのか有限なのか。世界には絶対的な存在者がいるのかいないのかといったことですが、なぜカントはこんなことを言い出すのですか。

西　これらはいわば「究極の難問」ですが、**人類が大昔から気になって考えてきたもの**です。ブッダが現れた紀元前六世紀の頃、インドの知識人もこれらの問いを問われて、どう答えるかで評価されました。

田原　デカルトも考えていましたね。

西　神の存在についてはそうですね。ブッダも、「世界は永遠であるか否か」「人は死後存在するか否か」などと聞かれて、原始仏典では、「そんなことを考えている暇はない」と答えています。「毒矢の例え」として知られているエピソードです。人はいつも煩悩に苦しめられていて、ちょうどそれは毒矢が刺さっているようなものだ。どう生きていけばよいのか悩み苦しんでいるのに、宇宙の始まりや果てについて考えている時間などないと言って斥《しりぞ》けたのです。

田原　カントも、そんなことを考えるのはムダだと言っていますね。

西　この問題を論理的に考えたのがカントですが、そのポイントは、**人間理性は次々と問うていって「究極」を考えてしまう本性を持っている**、という点にあります。たとえば、村から出たことのない農民が山の向こうはどうなっているのだろうと考える。行商人に話を聞いて、山の向こうに町があることがわかると、さらにその先を知りたくなる。そうやって、その先はどうなっているのかと考える能力が人間にはある。しかしこうやって次々と「その先」を問うていくと、ついに「世界には果てがあるのか／それとも果てはなく無限に続いているのか」という究極の問いに至ります。また、昔はどうなっていたのか、そのまた昔は?と問うていくと「世界の始まりはあるかないか」という問いが出てきます。また、原因の原因のそのまた原因、と考えていくと「あらゆる物事の究極原因としての絶対者がいるか否か」といった問題にもなってきます。

田原　絶対者がいると考えるのが、キリスト教ですね。カントが理性と言わずに悟性と言うのもインチキではないかと思うのです。理性と悟性とどこが違うのか。

西　人間の理性は放っておくと次から次へと問うていくため、究極問題をつくり出してしまうんですね。絶対者がいるかいないか、時間の始まりがあるかないかといった問いには、**同程度の根拠を持つふたつの答えが出てきて、論理的には決着がつかない**ので、考えるのはやめようとカントは言っています。しかし、人間が経験できる範囲の事柄について原因や結果を求めたり前後関係を考えたりすることは有意義ですから、その範囲にとどまっている場合を悟性と呼んで区別するわけです。

田原　カントはアンチノミーを解こうとして膨大な時間を費やします。最後に解けないと結論づけますが、最初から解けないに決まっているのだから、解けないという結論だけでいいではないですか。

西　解けないということをきちんと論理立てて説明することが大事なのです。

決定不可能な問題とは

田原　なぜ、そんな証明をする必要があるのですか。絶対者がいるかどうかなど、初めから解けないに決まっているではないですか。

西　たとえばカントはこんなふうに説明するわけです。原因と結果ということは、客観世界そのものに属している、と人はふつう考えている。

田原　なるほど。

西　でも、じつは原因と結果というのは世界そのものに属しているわけではない。より正確にいえば、世界そのものは知りえないわけです。原因と結果とは、あくまでも、経験する物事を私たちが整理するための枠組み（カテゴリー）で、主観に属するものだと言うのです。しかし私たちはそのことを自覚していない。原因というものは世界のなかに客観的にあると思っているのですね。だから原因の原因のその原因を求めていって、世界の究極原因としての神はあるかどうか、という話になってくる。このように、**なぜそもそも解けない問いが生まれてくるのか、ということまで、カントは考えている**のです。なかなかエライと思うのですが。

田原　よくわからない。

西　ところで、田原さんは絶対者についての答えはなぜ出ないと思うのですか。

田原　絶対者がいるというのは宗教です。哲学はもともと宗教を信じないわけだから、絶対者もいないのです。哲学に絶対者がいるわけがない。いたら、宗教だから。

西　自由な議論ができなくなるから、絶対者を立てるのはおかしいと。

田原　自由な議論から近代哲学が始まるのに、絶対者が結論を決めたら、せっかくの自由な議論ができなくなるでしょう。それは、哲学の否定につながると思います。

西　なるほど。自由な議論を邪魔するということですね。それはそれでわかります。でもそれとは別に、ぼくは**絶対者がいるかどうかは決定不可能な問題だと考えている**のです。つまり、「いない」と言い切ることもできない、ということです。

田原　だけど、答えられない問いだとわかっていて、わざと言っていると思うなあ。時間的に無限か有限かなど、結論が出ませんよ。たとえば、ビッグバン理論にしても、ビッグバンの前はどうだったのか、誰も説明できないではないですか。

西　おっしゃる通りです。でも、カントはまさにそういうことを言っているんですよ。ビッグバン理論をぼくもよく知らないのですが、もし、時間も空間もないところに爆発が起きて時間や空間が創造された、と言っているとすれば、それは神が七日間で世界を創造した、と言うのと変わらない。なぜなら、時間がなければ運動もなく爆発もないはずですから。そこに爆発が起こるとすれば、とつぜん理由もなく起こった、ということになってしまって、「世界あれ！」と神が言ったのと同じですね。

大事なポイントは、物事の原因や時間的な前後は、客観的な世界そのものに属するものではなくて、あくまでも人間が物事を整理して秩序づけるためのものだ、というところなんです。デカルト以来、世界は主観にとってしか現れず、客観的な世界そのものを経験することができないことはハッキリしてしまっている。「世界の始まりがあるかどうか」は客観的な世界がどうなっているかの問題であるように思える。思えるけれども、じつはそうではなくて、人間が頭のなかでつくり出しているだけのものだ、とカントは言うのです。この視点の転換が大事なところです。

田原　そんなことを考える必要があるのだろうか。カントは苦しむのが好きで、哲学とは苦しむことだと考えているのではないか。

西　いやいや。ぼくはカントのアンチノミーの考えを知ったとき、驚愕《きょうがく》したのです。

田原　どうしてですか。お釈迦《しゃか》様流にいうと、そんなことを考えている暇はないでしょう。

西　でも、それを一回、言い尽くしてしまうことが大事なのです。実際、カントの後、哲学のメインストリームで神の存在証明をする人はひとりもいません。それから、**アンチノミーの面白さは、人間の思考がさまざまな解けない難問を生み出すことを指摘した点**です。哲学は思考のゲームなので、誰もが本当に納得できるところにいきたいと思ってやっているのですが、実際にやってみると、解きがたい論理的な難問が山ほど生み出されてくる。

今でも分析哲学のなかにはたくさんこうした難問があって、こうした難問にかかずらって何かを言うことが哲学だと考えている人もいます。カントは「こうした**難問にはかかずらうのは不毛**だよ、きちんと難問を始末して、本当に考えるべきことを考えようよ」と言った哲学者です。この姿勢が素晴らしい。こうした姿勢がないと哲学は前進しないのです。

カントはなぜ努力したのか

田原 カントを見ていると、努力が大変すぎる。ぼくはもっと楽に哲学をわかりたい。カントはデカルトの哲学の何が不満だったのですか。さらに追究したかったのは何ですか。

西 デカルトは死後も魂が残ると考えましたが、カントは霊魂の不滅も証明できないと言っています。デカルトは自我や魂という非物質的なものがあり、死後も存続すると考えましたが、これは誤謬《ごびゅう》推理、行きすぎだとカントは考えました。

田原 カントは行きすぎだと言っているのですか。

西 そうです。では、どこまで言えるかというと、どんな主観にも共通する構造があると言っています。

田原　ぼくは、どんな主観にも共通の構造を追究したのがカントだと見ています。

西　その通りです。たとえば、時間や空間はどんな人の主観にもあり、ぼくらは感覚的に経験したものを必ず時間や空間のまとまりのなかで位置づけているということです。

田原　なぜ、カントはあんなに努力をしたのですか。

西　ひとつには、物理学の基礎づけをしようとしたんですね。たとえば質量恒存の法則などを説明しようとした。どんな主観にも共通の認識構造がある、同じメガネをかけていることを証明することで、その体系を裏づけようとしたのです。

田原　そうか。今は当たり前のことですが、当時はニュートンの新発見は鮮烈だった。

西　そうです。ニュートンの体系は強烈だったのです。だから、カントは理性で証明できることとできないことを分けた。これが理性批判ということです。

田原　カントは、ニュートンの一歩先を行きたいと思ったのかな。

西　ある意味ではそうですね。カントは、**人間には原因を知りたいという本能のようなもの、宇宙の全体を知り尽くしたいとか、完全性への欲求がある**と言っています。

田原　でも、そんなことは考えてもムダだと言っているわけでしょう。

西　ですが、そこで面白いことを言っているんですよ。もし宇宙の形が全体としてわかると心が落ち着きますね。だから、そういう「宇宙の全体をまとめてつかみたい」と思う人は、宇宙空間は有限であるという説に傾くと言うのです。その一方で、人間にはもっと先を知りたいという探究心もある。そういう人は有限説を打ち壊す方に動いて、宇宙には果てがないと思いたがる。まとまった形を見たい・完全を知りたいという一方で、不完全だからもっと知りたい・もっと先に行きたいという欲求も出てくるわけです。

田原 完全性への欲求というのは、ぼくの言葉で言うと好奇心です。ぼく自身は好奇心があって、今ある常識をぶち壊したい。

西 だから、完全性への欲求も、追究する方にも作用するし、ぶち壊す方にも作用する。

田原 そうすると、**理性批判というのは言ってみれば、今ある常識のぶち壊し**ですね。

カントの道徳

田原 カント以前は、神がいるから道徳があったのですが、カントでは神はいないけれど道徳があるのですね。

西 キリスト教では、神から道徳が出てくると考えます。しかし、カントは逆で人間に道徳的なものが備わっていると考えるわけです。

田原　そこが一番の問題ですね。

西　人間に道徳的なものが備わっているから、神という存在を信じざるをえなくなる、というふうに語っています。せっかく道徳的な善い行為をしてもそれが実現するとは限らないですし、道徳的に善く生きたとしても幸福になれるとは限らない。ですから、神がいてくれて、善い行為をすれば幸福になれることを期待できないといけない、と言っています。

田原　明治維新の日本の道徳は教育勅語ですが、中身は儒教でした。カントには、拠って立つものがないでしょう。

西　カントが拠って立つものは、自由なんです。自然科学の立場からみると、決定論になって自由がなくなってしまう。でも、**人間が実践し行為する立場からみると、人間には自由がある**と言うのです。

田原　自由がなければならないではなく、あると言うのですか。

西　「なければならない」の方が正確な言い方ですね。自由が存在することについては、神の存在と一緒でその存在を証明することはできない、と言っています。どんなに自由に考えて行為をしたとしても、やはり何かそれを因果的に決定する「原因」を考えることができるからです。「原因結果の連鎖から抜け出て、完全に自発的に自由に行為を決定できるかどうか」については理論的には認識できない、といったんはカントは言うんですね。純粋理性のアンチノミーのところです。

田原　つまり神の存在と同じで、自由は証明できないと。

西　そういうことですね。しかしその箇所ではそう言っているのですが、実際に私たちが行為するときには、**自由があることは疑えない、自由はあると言ってよい**、そういうふうにも言っているのです。

たとえば私たちはお腹がすいたら、欲望に引きずられてご飯を食べます。これは全く悪いことではないし当然のことですが、それは欲望に引きずられたものなので、原因結果の連鎖のひとつにすぎない。だから道徳的価値はない、と言うのです。他方で、ある行為を自由に理性的に判断して「こうするのが善い」と思って行うならば、道徳的価値が出てくる。

田原　そこが、カントの禁欲主義を示しているのではないですか。

西　そういう傾向はありますね。それとつながるのですが、親を亡くした子どもがご飯を食べるために花を売っているとします。その子をかわいそうに思ってお金を恵んであげたとしても、そこには道徳的価値はないとも言っています。つまり、この場合も欲望に従って行為しただけなので、動物と同じ水準だというわけです。

田原　子どもから花を買っていいことをしたと思うのは一種の欲望であると。

西　その通りです。そうではなくて、人間の自由は普遍性を考えて行為できるところにある、と言うのです。その際カントは「格律」という言葉を使って説明しています。英語でいうとマキシム（maxim）ですが、「自分なりのルール」という意味の言葉です。たとえば試験について、「九回まじめに勉強して試験を受けたら、一回ぐらいはカンニングをしても許されるだろう」と思っている人がいるかもしれない。これも一種のルールですね。

田原　人間は動物と違って何か自分なりのルールを持っていて、そのうえで行為している。七回に三回なのか、六回に四回なのか、そのへんはどうですか。

西　それは人によっていろいろですが、どんな人も――自覚しているかどうかは別にして――**自分なりの行動のルール、つまり善悪の基準**を持っている。しかしそれだけでは終わらないのです。「おまえのルール（格律）は、本当に誰でも認める普遍的なものかどうか？　それは自分勝手な自己中心的なルールではないか？」と問うてくる「良心の声」が各人のなかにある、とカントは言うのです。

田原　それは建前でしょう。世間体が悪いという。

道徳と欲望

西　いや、世間体や建前ではない、とカント自身は思っていたのです。この良心の声は、動物にはなく人間だけに備わっているもので、「おまえのルールは普遍的か？」といつでも自分に訊ねてくるんですね。この良心の声は「道徳法則」とも呼ばれて、「カントといえば道徳法則（道徳律）」というくらいよく知られたものですが、これはよい意味での理性、実践理性でもあります。理論理性はアンチノミーをつくり出すのでまずいのですが、善く生きることを命ずる実践理性はよいものなのです。

カントは、**人間の人間たるゆえんは道徳法則に従って行為できること**であり、またそのときにだけ自由に——欲望に引きずられずに——行為したことになる、とも言っています。さっきの試験の例の「九割マジメにやったら一割ズルしてもよい」という格律についても、道徳法則は「それは本当に万人が採用できる普遍性を持つかどうか？」と迫ってくる。あらためて吟味してみれば、「いや、やっぱりそれは勝手な理屈にすぎなかった」ということとなる。

田原　なぜですか。そこが問題です。

西　一割ならズルしてもいいと思う人は、それが一般的普遍的だと思っているわけです。「みんなそう考えているはずだ」と思っている。そうでないと、そのルールを自分のなかで正当化できませんから。でも本当にそうなの?と道徳法則は迫ってくる。

田原　大阪市長の橋下徹が「従軍慰安婦はどこの国の軍隊でもやっている」という発言をして問題になった際、**飲み屋で言うのはいいけれど、公党の党首が公の場で言うのはよくない**と批判されました。このケースは、どうなりますか。

西　この発言の行為に普遍性があるかどうか。難問ですねー。戦争と軍隊には性の欲望の処理ということがつきまとうのは事実ですから。しかしそれを従軍慰安婦という形でやるのが「善い」、つまり一般性・普遍性がある、といえるかどうか。別の言い方をすれば、他の国がやっているからやってもいいだろう、という仕方で正当化できるかどうか。正当化しがたい、とカントなら言いそうですね。

ともあれこのようにして、自分なりのルールに普遍性があるかどうか自分に迫る理性の声が、人間にはあると言うのです。良心と言ってもいい。

田原　それは、カントの願望でしょう。ぼくは信用していません。

西　確かに、**すべての人のなかに理性の声が内在しているとは言いがたい**ですから。でも、一定の条件がそろうと、人のなかに理性の声のようなものが育つとは思います。

田原　ぼくは自分で相当、道徳的な方だと思っています。たとえば、一度も買春をしたことがない。でも、それを他人に強いるべきではないと思っています。カントは他人に強いているのではないかという感じがしますが、どうですか。

西　カントは、他人に強いているわけではないと思います。欲望に引きずられず、自分なりのルールの普遍性を確かめて生きることに、人間の道徳性があると言ったわけです。

田原　とても大事な問題だけれど、そう言い切れるのですか。現代人は損か得かで善悪を考えるのです。会社では上司の言うことを聞いた方が得で、反抗したら損だと。

西　もちろん損得は大事ですが、「よしあし」の判断が必要になることもありますよね。

田原　親の教育とか周囲の環境が相当、影響しているのではないですか。

西　もちろん、すごく影響しています。でも、田原さんが「自分は道徳的だけれど、他人に強いるべきでない」と言いましたね。まさしくそういうことを考えるのが、理性なのです。自分なりのルールに普遍性があるかを考えて生きることに、人間としての道徳性があるし、自由もあると。

田原　自由があるかなあ。ほとんどの人は縛られていて、自由ではないですよ。

西　動物のように欲望に引きずられず自分で判断することに、自由があるわけです。そのように努力しなさい、とカントは言った。

田原　ただ、**努力というのはある程度、欲望に引きずられて努力する**のではないか。サラリーマンが会社で懸命に働くのは偉くなりたいからで、これは欲望でしょう。

西　そうですよね。カントは欲望と道徳とを完全に分けている。しかし本当に分けられるのかは、疑問です。その点をカントの後に出てきたヘーゲルは指摘しています。欲望と道徳とを完全に引き離したために、カントの道徳法則ないし実践理性は、禁欲的な理想というか「絵に描いた餅」のように見えてしまうんですね。しかしカントの言うことにもなかなかの理があるのです。

若者たちはカントに熱狂した

西　意外に思われるかもしれませんが、カントの言葉は当時のドイツの若者たちを熱狂させたんです。自由の息吹を感じさせたからです。道徳法則が出てくる『実践理性批判』（一七八八年）をカントが書いたら、翌年に隣でフランス革命が起きて若者たちは熱狂するんですね。カントの言葉はフランス革命と同じく「自由」を感じさせるものだった。

田原　カントは、フランス革命と同じ時期ですか。

西　アンチノミーが出てくる『純粋理性批判』の方は一七八一年ですから八年くらい前になりますね。フランス革命が起きたとき、ヘーゲルは神学校の学生でした。彼からすれば、フランス革命は「権威」に従うのではなく、誰もが納得できる合理的な法律を自分たちでつくってそれに従う「自由な自治の国家」をつくろうとした革命でした。同じように、カントも「権力者や宗教者の言うことにただ従うことには何の価値もない。自分の考えに普遍性があるか自分で洞察して行為せよ！」と言ったわけで、まさしく自由な生き方を示したのです。だから、**カントとフランス革命は自由の息吹を感じさせるものとして下の世代に受け止められた**のです。

田原　そうか。そういう時代なのか。

西　ぼくらからすると、欲望に価値を認めないのは息苦しい感じがするし、普遍性を考えろと言われても、そう簡単に答えは出ない、と思えてしまう。しかしカントはシンプルに

「普遍性を考えて生きよ」と言い切っているのです。その際のキーワードが「自律」です。

田原　自分を律する。

西　自律という言葉は、ぼくらから見るといかめしく感じられるけれど、生きるうえで何が大切かを自分で考え、それに従って生きていくということです。ここに人間の自由があり、権威に盲従しない人間の素晴らしさがあるとカントは言ったわけです。

田原　自律ということは、カントが初めて言うのですか。

西　言葉自体は昔からありますが、自律 autonomy を大々的に打ち出してキーワードにしたのはカントです。

田原　それはよくわかります。自律がなければ自由もない。もっといえば、**自由の裏には責任がなければならない**ということですね。

西　そうです。ただ、田原さんのおっしゃるように、欲望を完全に切り離せるのかどうか。たとえば、政治家は人々のために行動しようと思っていても、同時に自分の名を残したいという欲望もある。その欲望を切り離して純粋な理性を立てるのは無理でしょうね。また、普遍性を考えるのはよいとしても、簡単には何が正しいかの答えが出ないこともある。私たちはさまざまな集団に属しますよね。会社にも、地域社会にも、家族にも属している。

すると、こっちの集団にとって善いことがあっちの集団にとっては悪いことかもしれず、そこで板挟みになって迷ったりする。カントは普遍的かどうかは計算すれば「チーン」と答えが出るような感じで語ったのですが、ヘーゲルは「人は複数の集団に属するから普遍性はそう簡単にはいえなくなる」と批判しています。

田原 なるほど。ヘーゲルは現実的なんだね。ところでカントが自律をめざしたのはわかったのですが、自分で正しいかどうかを考えるためには普遍性が必要なんですか。なんでそこに普遍性が出てくるのか。

西 カントには今言ったような欠点はあるのですが、「普遍性を考えよ」と言ったことには根拠があると思うんです。

ぼくなりの解釈になってしまうかもしれませんが、カントには普遍性よりももっと根本的なものがあって、それは「**他の人を自分と同じ自由な人格として尊重する**」ということなんです。『実践理性批判』よりちょっと前に書いた本（『道徳形而上学の基礎づけ』）のなかでは、道徳法則の表現形――道徳法則にはいくつかの表現があるのですが――のひとつとして「他の人を単なる手段にしてはならない。同時にその人自身を目的として扱え」と語っているんです。たとえば商売をすることには、相手を自分の利益のための手段にするという面がある。カントもそれを否定はしないのですが、手段にしっぱなしではダメだ、と言うんです。相手の人格は「手段に貶《おとし》めてはならない大切な目的」でもある、と。平たくいえば、**商売では自分の利益も大事だが相手の利益も大事にしなくてはならない**、ということですね。

田原 互いの人格の尊重、というのが道徳の根本であると。

西 その通りです。カントやヘーゲルでは自由な意志を持つことを「人格」と言うのですが、一人ひとりを自由意志=人格を持つものとして大切にする。これが根本。さらに、こういう自由な人格どうしで集団や社会をつくっているわけです。だから、私のルールは、どんな立場の人でも納得するような、本当の意味での「普遍性」を持っているかどうか――たとえば、誰かを傷つけたりしないか、公正さを持っているか、集団や社会の利益につながるか――というようなことが問題になってくる。もし他者への尊重がなければ、道徳も普遍性も関係なくなってしまいますよね。

田原 普遍性の根っこには他者の尊重あり、ということですね。

西 そうです。じっさいカントは、道徳法則の表現形として「さまざまな人格たちからなる国を想定してみよ。そして、おまえのルールはその国の法律としてふさわしいかどうか、と考えよ」というふうにも書いているのです（『道徳形而上学の基礎づけ』）。カントの普遍性の道徳が自由とつながっている、ということ、もう少し話してもいいですか。

田原 どうぞ。

西 自由というと、ふつう「欲望の解放」ということを考えますよね。それはもちろん大切ですが、しかし欲望の解放だけで自由になれるかというと、そうじゃないと思うんです。社会のなかで生きていくとき、たとえば教師として生きていくときに、「教育にとってこういうことが大切だ」というような柱を持っていないと、自信を持って自由に行為できません。文科省や親や学校の方針にそのつどふりまわされて、右往左往してしまう。

では、その「柱」はどうやってつくれるか。他の教師たちとの対話や生徒との関わりが材料になるでしょうが、そこから「これは誰もが認めるはずだ」という普遍性を伴った考えをつくれたときに、それが柱になる。何かの社会的な行為を続けていくとき、そこに普遍性が伴うと信じることができないなら、自信がなく自由にもなれないのです。カントの言い方はやや禁欲主義的ですが、「**人の自由は、みずから普遍性を洞察し、それを断固として実現しようとすることにある**」としたことは、決して間違っていないと思うのです。

第六章

本物を志向する――ヘーゲル

テロと孤独をどうするか

カントの哲学を発展させ、**ドイツ観念論の最高峰と言われるのが、G・W・フリードリヒ・ヘーゲル（一七七〇～一八三一年）の哲学**です。

ヘーゲルは、ヴュルテンベルク公国のシュトゥットガルト（現ドイツのバーデン）生まれで、父親は政府の役人でした。テュービンゲン神学校で教育を受け、親しい友人に後にヘーゲルとともに大哲学者となるシェリングや詩人のヘルダーリンがいます。ヘーゲルは家庭教師や大学講師、新聞の編集者などを経て、ハイデルベルク大学の教授となり、後に総長も務めました。

ヘーゲルが学生時代、大きな影響を受けたのが、一七八九年に起きたフランス革命です。王や貴族に支配されるのではなく、市民が自分たちで政府をつくったフランス革命は当時の若者たちを熱狂させました。しかし、ジャコバン党が権力を握り、反対派を虐殺するに至って、革命への幻滅が広がりました。

カントやルソーはフランス革命のテロを知らなかったので、理想を実現できると考えていました。しかし、ひどい現実を見てしまったヘーゲルは、どんな正義にも過ちがあることを認めたうえで、新たな社会を構想しました。

また、近代の市民社会では、意見を言ったり仕事を選択したりする自由が認められましたが、それは同時に、中世のように神や共同体によって与えられていた生きる意味を失うことでもありました。ヘーゲルは、**人間が自由になることで生きる意味を喪失し、孤独になるという問題に、哲学者として初めて取り組んだ**のです。

フランス革命と同じくらい、当時の知識人に衝撃を与えたのがカントの哲学でした。カントは「自分なりの方針に普遍性があるかどうかを考えて行動せよ」と述べて、人間の道徳を説いたわけですが、ヘーゲルは「現実を見ていないから言えることであって、簡単に答えは出ない」としてカントを批判しました。

ヘーゲルは、人々がテロに走る背景には富める者と貧しい者の格差があるとして、誰もが仕事をして生活できる社会をつくる必要があると言います。その一方で、格差の解消は難しいので、同業組合などの中間集団をつくり、そのなかで市民が成長していくというシナリオを考えました。このように、社会をどうするかを考えたヘーゲルの哲学はその後、マルクスに引き継がれ、革命の哲学となっていきます。

ヘーゲルはずっと健康で、精力的に研究を続けましたが、ベルリンで流行したコレラに感染し、急死しました。享年六十一でした。

精神現象学

ヘーゲルの代表的な著作が『精神現象学』（一八〇七年）です。少し読んでみましたが、言葉が難しすぎてさっぱりわからない。それで、西研らが書いた解読本を読んでみました。「難解な書物がここまでわかった！」というのがキャッチフレーズですが、それでもわからない。そこで、本人に相当、文句を言ったうえで、何を言っている本なのか、徹底的に聞いたところ、何とよくわかったのです。

『精神現象学』は、**他人からの評価や承認を求めて右往左往する人間の物語として読む**ことができます。フランスの哲学者メルロ＝ポンティは「小説みたいに面白い」と言っています。

『精神現象学』では、「意識」という主人公が冒険の旅に出て、遊んだり傷ついたりしながら、自己意識となり、理性となり、最後は絶対知となっていく成長の過程が物語仕立てで描かれています。これはじつは、人類の精神がいかにして歴史のなかで発展し成長してきたか、ということを、ひとりの意識の成長物語のスタイルで描いているのです。

人間には、自分が大事で他人に承認されたいという本性があります。だから、最初は腕力に訴え、強い方が主人になり、弱い方が奴隷になるのです。そこで、主人も奴隷もそれぞれ自己意識を形成していきます。これが有名な「主奴論」で、ヘーゲルの考える歴史の始まりです。人間社会にはつねに富や名誉や権力を求める競争がありますが、それらはもともと「勝って他人から承認されたい」という承認の欲望からきているとヘーゲルは考えるのです。

しかし、**誇りの高い人間は、富や権力をめぐる争いに嫌気が差し、世間から離れた価値を求める**こともします。これがローマ時代に流行したストア主義、つまりストイックと言われている考え方です。個人と社会との対立ということがこのあたりから始まります。さまざまな対立の形が描かれていきますが、最終的には、自由な内面を持った個人が協力し合って自覚的に社会をつくる、というところに向かって進んでいきます。

そして、この成長する理性の到達点が「事そのもの」と呼ばれるものです。言葉がわかりづらいですが、たとえばドストエフスキーの作品を読んで批評し合うなかで生まれてくる「これこそ本当の文学だ」という理念のことです。

言ってみれば、単に他人から褒められるだけでなく、序章で触れた半沢直樹のように「これが銀行マンの仕事だ」と**使命感を持って仕事をすることが「事そのもの」**なのです。本物があると信じられれば、何をしても意味がないと世をはかなむニヒリズムの対抗策になるとヘーゲルは考えましたが、ぼくは違うと思います。

サラリーマンは自分の理想に従って仕事をしようとしますが、自己主張するといじめに遭ったり左遷されたりするので、仕方なく上司の言いなりになっている。非正規雇用の若者たちも努力して勉強し仕事をし、それでも正規の社員になれず、絶望しているのです。ヘーゲルが描いた人間像をめぐって、西研と徹底討論しました。

フランス革命の影響

田原　西先生の著書『これが哲学！』には、ヘーゲルが入っていません。

西　主観から考える哲学が近代哲学の本流なのですが、その流れで書いたので、デカルト、カントから、いきなり二十世紀のフッサールへ飛ぶことにしたんです。ヘーゲルの哲学は主観ではなく「精神」を土台とするものですから、少しずれるんですね。

田原　主観の哲学は、カントからフッサール、ハイデガーにいくと。

西　そうなりますね。ヘーゲルは精神という「超個人的な主観」のようなものを考えるわけです。ぼくの主観も田原さんの主観も、語り合うとつながりますよね。それぞれの**主観はバラバラではなくて同じひとつの精神から分かれたもの**だ、とヘーゲルは考えるのです。そしてこの精神という巨大なものが歴史のなかでだんだん自覚を深めて発展していく、と考えました。

そんなものが果たしてあるのか？と疑いを持つ人もいるわけですが、道徳的な問題や社会制度をどう考えるかという点について、ヘーゲルは徹底的に考えていて、非常に優れています。

田原　ヘーゲルが大学生のとき、フランス革命が起きます。

西　はい。ヘーゲルや仲間の大学生たちはフランス革命にメチャメチャにしびれて「すごいことが始まった」と思う。ところがロベスピエールが政権を取り、ジャコバン党の独裁になって反対者を真理の名のもとに虐殺する。「恐怖政治」ですね。その情報が流れてくると、ドイツの知識人の多くが「フランス革命はとんでもない」と言って反フランス、反自由、反人権に傾くのです。

田原　保守になるわけですね。

西　それまでカントが好き、自由が好きと言っていた知識人たちも急激に保守化して、近代以前に憧れるロマン主義の人も出てきます。もちろんヘーゲルも虐殺には反対するわけですが、しかし同時に、人間の自由が社会的に認められて——人権ですね——そして自分たちで社会をつくれるようになることは、きわめて大切なことだと考えました。その点では、フランス革命を人類の精神の発展にとって画期的なことだと捉えています。

田原　人類の精神の発展ですか。何が発展といえるんですか。

西　ヘーゲルは**「自由」の自覚が進むことを、精神の発展として捉えている**んです。その流れを大ざっぱにいってみると、かつて共同体のなかで個々人が役割を与えられて生きている時代がありました。中世ヨーロッパとか江戸時代の農民とかですね。そこでは生き方の幅が狭いので、「自分の生き方をあれこれと考える個人」、つまり自由な内面を持つ個人がいないのです。しかししだいに、「オレは自由な存在だ、自分が納得できる生き方をしたい」という意識が個人のなかにめざめてくる。すると、共同体と個人とが対立することにもなる。けれども最終段階としては、自由な個人が自分たちで自覚的に社会をつくるようになって、社会と個との自覚的な調和がつくられる。一言でいえば、**無自覚な共同性から自覚的につくられる共同性**へ。そういうふうに人類史を捉えようとしたのです。

田原　でも、自由には問題もある。

西　そうです。まずひとつが「正義の名によるテロル」の問題です。自由を許すとそれぞれが勝手な正義を主張して、その正義のために論敵を殺すことも起こる。『精神現象学』には「絶対自由とテロル」という章があるのですが、ヘーゲルにとってこれは非常に大きなテーマでした。

田原　大問題ですね。

西　そうですね。もうひとつ、自由が孤独や生きる意味の喪失につながりかねない、ということがあります。神がいて共同体があって生きる意味が保証されていた時代と違って、自由に物事を考えて生きることは孤独で、ときには生きる意味を失いかねない。「人は自由によって空虚な個人になってしまうのではないか」ということを、西欧の哲学者で最初に徹底的に考えたのがヘーゲルです。

彼以前のルソーやカントにとって自由は端的に素晴らしいものでした。ヘーゲルも自由を大切に考えますが、同時に、自由がよい仕方で実を結ぶには何が必要か、を突っ込んで考えています。そこに、ヘーゲルのキーワードである「相互承認」ということが出てくるわけです。

相互承認から一般意志へ

田原　民主主義になって多数派が権力を取ると、少数派がテロを起こします。

西　民主主義の基本をつくったルソーは「社会契約」ということを言っています。対等な人びとが集まって国家をつくり、協力し合って国内の平和共存と対外的な防衛とを行うことにした。だから、そこでつくられる法律は、全員の共通利益、つまり、**みんなが欲すること＝一般意志でなくてはならない**、と言いました。ルソーによれば、法律や政策が正義であるかどうかは一般意志に則っているかどうかで計られます（『社会契約論』一七六二年）。

民主主義はこの理念で動いているわけですが、しかし共通利益を実現すると言っても、現実には多数派が権力を取れば自分たちだけの利益になるように政治を動かすことが起こる。これは民主主義の根本問題です。

田原　これをいったいどうするか。

西　ルソーはこの問題を強く意識していて、こんなふうに言っています。「議会で一般意志を取り出して法にして実現していく、というふうにならず、特定の集団の意志だけが実現されるようになると、みんなで力を合わせるという社会契約じたいが壊れてしまいかねない。だから、社会契約は神聖なのだ」と。

しかし、社会契約の理念の神聖さを持ち出すだけではいかにも弱い。そこで、ヘーゲルは、相互承認というアイディアを出してくる。後年に書いた『法哲学』（一八二一年）のなかで、市民社会（経済社会）のなかでは、「きちんと仕事をすればふさわしい収入が入って生計が立つ、というようになっていないといけない。そして、**きちんとした仕事と生計を持つ『ひとかど』の人物として周りから承認されることが必要**だ」と言っています。どんなに努力しても報いられず、惨めな生活しかできないならば、テロに走るかもしれませんから。

田原　人殺しをしたり自殺をしたりね。

西　しかし、実際には市民社会は自由な経済活動によって動いているので、自ずと富裕層と貧困層とに分かれてしまう。貧困層は生まれたときから貧しいので、努力さえすればきちんと食べられるようになる、というわけにいかない。当然、周りからの承認も得られませんから、自分が社会とつながっているという意識を持てない。これこそが市民社会の災いの本質だ、とヘーゲルは考えた。この問題を引き継いで出てきたのが、マルクスです。

田原　革命を起こそうとするわけですね。

西　ヘーゲルは革命ではなく、国家に期待していました。たとえば、階層的な流動化を進め、格差を縮めることを政策として行う、というようなことです。仕事をすればきちんと生計が立つための一般的な条件を政府が整えなくてはならないと考えた。

田原　それが相互承認につながるわけですね。

西　そうですね。周りから承認されれば地域や社会とつながって生きていることが実感できますし、そのことは自分の利益を追求するだけでなく、地域や社会全体の利益＝「一般意志」を考慮する姿勢につながっていくとヘーゲルは考えた。つまり、**相互承認から一般意志へ、という道筋**ですね。

しかしそのためには、周りの人々から実際に現実的に承認されなくてはならない。「人権を持つ」ということも法律レベルでの相互承認であって重要ですが、それだけだと全く足りない。だからヘーゲルは、政府が経済政策を行って貧しい人々のために仕事をつくり出さなければならない、と言うのです。しかし「需要と供給のバランスがあるから生産超過になってもよくない、格差の解消は非常に難しい」とも言っています。そこでヘーゲルが考えたのは、地域コミュニティに加えて、さらに「同業組合」のような中間集団――個人と国家の間に入る集団――をつくることです。

田原　職人の組合ですね。

西　どうも、中世のギルド（職人組合）を近代化したようなものを考えていたようです。たとえば時計をつくる職人だったら、その技量がちゃんとしたものになると、組合から承認されてメンバーに入れてもらえる。そして、ひとかどの職人としての自信を持てる。そうなると、自分の利益だけでなく「組合にとって善いこと・必要なこと」も考えるようになるし、さらに「社会にとって善いこと・必要なこと」も視野に入ってくる。さらにヘーゲルは、同業組合に社会保障の役割も持たせようとしました。たとえば職人が亡くなったとき、組合が残された家族を経済的に支援するわけです。そのようにして、**中間集団のなかでの相互承認を通じて、社会にとって善いこと、つまり一般意志を考えられる市民に成長していけるとよい**、と考えた。

田原　理想はね。

西　きちんと働けば食べられる。周りから承認されて地域や社会とのつながりができると「一般意志」を志向するようにもなってくる、という考えの筋道は基本的には正しいと思いますし、そのための経済政策が重要だというのも正しい。でも、今の日本社会を念頭に置くと、明らかに足りない点があると思うんですね。

ヘーゲルが『法哲学』で描いたのは、仕事を核にした承認関係です。そこにボランティアやNPOを加えてもよいと思うのですが、しかしそうした活動が、イキイキとした承認関係や「みんなにとって善いこと・必要なこと」を志向し実践できるように育つためには、**互いの考えや意見を安全に出し合える場がつくれるかどうか**、これが決定的だと思うのです。

たとえば「この川をキレイにしたいな」というような想いが出し合われる。自分とは感度の違う意見も最後まで話を聞くし、互いの想いを確かめることを大切にする。こういう「受け止め」が相互承認の基盤になるはずです。そうした互いの受け止めがあれば、「川で昔遊んだ思いを後の世代に残したいよね」というふうに「共通の大切な関心事」がはっきりと確かめられてくる。そして市民たちが川の掃除をしたり川遊びの実践をしたりするようになってくる。

「互いの意見を出し合いながら、共通の関心事を確かめていく」という感度と実践とが育っていかないと、「相互承認から一般意志へ」というふうにはなかなか進まないように思います。

自由と正義

田原　ヘーゲルは自由をどう考えたのですか。

西　「自分で選択できる」ということが、自由の最初であり基本だと考えています。最終的には、**自分と社会のズレ・対立を克服して、自分と社会との調和を実感できる**ことが最高の自由ということになるのですが。

田原　西先生の盟友である哲学者の竹田青嗣は「精神の絶対的選択の可能性」という難しい表現をしています。

西　そうですか。やはり「選択しうる」ということを言っているのではないかと思いますが。選択ということでいえば、近代以前にもある範囲での自由はあったはずですが、近代になると、選択肢が一挙に広がってきます。ものを考えたり、仕事を選択したり、配偶者を選んだりといった個々人の自由な活動や思考を広く「権利」として承認したのがヨーロッパ近代です。

ところが、自由が認められると、何が正義かをめぐって対立が起きてくる。思考の自由があると、「これこそが正義であり一般意志だ」と勝手に思い込むことも起こる。唯一絶対の正義のためには、従わない者を殺してもかまわないことにもなりかねない。近代の自由というものはかなり、恐ろしいものだとヘーゲルは考えたと思います。

田原 フランス革命がそうでしたね。今のエジプトもそうです。独裁者を追放したのはいいけれど、国がふたつに割れて争っています。

西 そこで、どうするか。ヘーゲルのひとつの答えは、すでに述べた相互承認です。個々人が**社会につながっているという感覚が持てれば、勝手に思い込んだ正義と正義が激突することにはならない**だろうと。

田原 でも、それはフランス革命に対する批判としては説得力が弱いな。

西 頭のなかでこれが一般意志だと勝手に思い込むところに、正義の絶対化と衝突が起こる、とヘーゲルは考えたんですね。『精神現象学』のフランス革命のところでは、中間集団がないのがまずい、と言っています。ですから、後の『法哲学』では、自治体や同業組合などの中間集団のなかでの承認関係によってその範囲内での一般意志が形成され、さらに、もろもろの中間集団の代表が議会に出てきて、国民全体としての一般意志が形成される、というシステムを考えています。そうしたシステム、制度によって正義の独善を避ける。これがひとつの方法です。

田原　まだあるのですか。

西　もうひとつの答えは、「良心」です。『精神現象学』では、**自由と正義の最高の自覚の形として、「良心」という態度**を出しています。

田原　カントの道徳とは違うのですか。

西　ヘーゲルはカントの道徳を批判しています。カントは、「自分の方針に普遍性があるかどうかを考えれば必ず答えが出るから、それに従って堂々と生きていけばよい」と言ったわけですが、それは単純すぎると。

田原　もっと言えば、カントは社会を考えていない。

西　そうです。人はいろんな集団に属していますから、あちらの集団で善いことが別の集団では善くないことになるかもしれない。また現実というのはきわめて複雑で、よかれと思ってやったことが非常に具合の悪い結果を引き起こすかもしれない。そういう現実を見ないからカントのように言えるのだ、と。

田原　ヘーゲルはどう考えたのですか。

西　ヘーゲルは「批評する良心」と「行動する良心」というふたつのタイプを登場させて、考えようとしています。前者は知識人やマスコミ、後者は実際に行動して世の中を善くしようとする政治家や活動家を考えればいいと思います。

田原　活動家は、活動しないヤツに批評する資格はないと言いますね。

西　そうですよね。わかります。『精神現象学』でも、**知識人と活動家の両者が「普遍性と行動とどちらが大事か」をめぐってケンカをする**、という話になっていきます。

普遍性と個別性

西　ヘーゲルは若い頃、フランス革命の影響を受けて、地元のヴュルテンベルク公国で、議会の改革運動をしたことがあります。途中まで活動家だった人なので、知識人のことも活動家のことも、両方の感度がわかるんですね。

『精神現象学』の「良心」の章に戻りますと、活動家である「行動する良心」は直観を根拠に行動します。カントみたいにじっくり普遍的かどうかなどと考えたりしない。「これはおかしい、反対だ！」というふうに直観的に動く。なぜなら、行動することこそが大切だと思うからです。

田原　普遍性を無視したから、フランス革命で残虐なテロが起きたわけですね。

西　そうですね。もちろんテロを行った人たちは自分には普遍性があると思い込んでいたでしょうが。ともあれ、行動する良心は、直観と行動を重視するタイプです。それに対して、批評する良心は、自分は行動せずに普遍性をモノサシとして活動家を批判する。「おまえのやっていることは全く普遍性がなく、社会の人々のためになっていない。自分が認められたくてやっているだけではないか」などと言うのです。

それで、行動する良心と批評する良心とでケンカをするのですが、最終的には、**「行動も普遍性もどちらも必要だ」ということがわかってきて、両者は和解する**ことになります。

行動する良心は、行動することで自分を正当化していて、「これは本当に社会の人々のためになるのか」という普遍性からの問いかけを怠っていたことに気づく。批評する良心の方も、自分が行動しないでいて高みに立っていた、つまり「上から目線」だったことに気づく。実際に行動するとなれば、現場の複雑さや、結果が見通しにくい状況のなかでの行動の大変さ、また普遍的に見ることの難しさがわかってくる。「人は個別的な状況を生きているので、全知ではありえない」――このことをヘーゲルははっきり言っています。

田原　ぼくは誤解していました。哲学でいう普遍性というのは絶対とは違うのですね。

西　そうなんですよ。普遍性は絶対ではありません。いくら普遍性のなかにとどまっていたいと思っても、人は個別的な状況を生きざるをえないからです。

田原　状況のなかをね。

西　だとすれば、「自分が個別的・状況的な存在であることをよく自覚しつつ、しかも、自分のこの行動は社会に役立つ普遍的なものかどうかを考えつつやっていくしかない。それ以外の態度は取りえない」ということになる。これが良心の最終的な自覚の形なのです。だから結果的に**過ちもするかもしれないし、他者からの批判を受け入れる覚悟も必要**になる。

田原　過ちは必ず起きると。

西　だから、過ちがあったならそれを認めなくてはならない。そのうえで、互いがともに社会をつくる仲間として生きようとすること、これが大事だと言っています。

田原　ぼく流に言うと、カントやルソーはフランス革命を知らなかったので、理想を実現できると思っていた。ところが、**ヘーゲルはフランス革命での過ちを経験しているので、どんな正義にも過ちがあることを認めた**わけですね。

西　認めるのです。

田原　なるほど。そこがすごい。

西　ヘーゲルの良心を一言でいえば、「社会のメンバーとしてふさわしくあろうとする意志」ということになると思います。

田原　ふさわしいかどうかはわからないが、社会のメンバーであろうとする意志ね。

西　そうです。過ちがあったとしても、その人が過ちを認めて謝罪する。その謝罪を通じて、その人のなかに「メンバーとしてあろうとする意志」が確かにある、と周りの人が承認するならば、その人を許すことができる。

田原　これは、わかりやすい。とても大事ですね。

西　社会には失敗や対立がつきもので、ときには傷つけ合ったりしますが、こういう形でしか乗り越えられないように思います。つまり、失敗を認めたり詫びたりすることを通して、お互いのなかに良心を、つまり、仲間としてふさわしくふるまおうとする「意志」を相互承認することができれば、対立は乗り越えられる。

田原　反省も必要だと。

西　そうですね。反省することはこの意志を相手に示すことですから。良心の相互承認が成り立てば、関係がどんなに傷ついてもその傷を跡形もなくすることができる、とヘーゲルは言っていますが、ただ楽天的なことを言っているわけではないのです。起こってしまったこと、結果は変えられないとしても、良心の相互承認――**互いのなかに仲間としてふさわしくあろうとする誠実な気持ちがあると認めること**――は成り立ちうる。そういう、原理的なことを言っているのだと思うのです。

哲学本はなぜ難しいか

田原　ところで、西先生たちの書いた『精神現象学』の解説本（竹田青嗣・西研『超解読！　はじめてのヘーゲル「精神現象学」』講談社現代新書）を読んでみたけれど、さっぱりわからない。西先生はヘーゲルを読んで理解できたのですか。

西　解説しても、まだ難しいものねえ。ぼくは二十歳の頃、勉強会で読んで、それから三度通読して、三十歳すぎでようやくイメージがはっきりしました。そのくらい難しい。

田原　わからない専門用語が多すぎるのです。専門用語を全部省いて書いてほしいです。

西　なるほど。しばらく前まで、哲学者は専門用語で話していましたから。

田原　哲学的な言い回しも多すぎて、ぼくみたいな年を取った幼稚な人間にはついていけません。もっとふつうの言い回し、**一般用語でなぜ説明できないのか**ということです。

西　いや、本当ですね。

田原　解説本を読んでみますよ。「狭義の意識は対象意識とも言うべきもので、もっぱら自分の外にある対象に目を向けて、それらの対象の真理を求めようとする。この意識は対象を自分とは全く別なものとみなす」。わからないです。

西　これはヘーゲルの言葉に「意識」と「自己意識」というのがあるのですが、その違いを説明するためにぼくが書いた文章です。説明としては、さしあたりこう言うしかないんじゃないかなあ。

田原　この本ではヘーゲルがどういう人かわからないし、『精神現象学』で何を言おうとしているかもわからない。もっと言うと、サービス精神がないのですよ。

西　今みたいに田原さんと話していると大胆に言えるのですが、これはテキストに則した解説なので、ヘーゲルの使った概念の説明が必要になってくるんです。説明をやめて彼の言いたいことを描き出すことに集中すれば、もっとわかりやすく勘所をキュッとつかんで書けたかもしれません。

田原　ところで、現代哲学はなぜヘーゲルを批判するのですか。とても、いいではないですか。どこがインチキだと言うのですか。

西　いや、全然インチキではないです。

田原　でも、**現代哲学はプラトンとヘーゲル、フッサールを三大悪と言っている**でしょう。それは、なぜですか。

西　よくご存知ですね。たいていの現代哲学は「客観的な絶対の真理がある」という観念を否定したい、という強い動機を持っています。マルクス主義が「自分こそが真理であり正義なのだ」と主張して異論を唱えるものを否定したり殺したりしたからです。とくにフランスのポストモダン思想には、「真理や正義の主張には権力欲が隠されている。真理や正義は悪しきものだ」という道徳的な憤激とでもいうべきものがハッキリとあります。そして、そういう目で哲学の歴史を見ると、プラトン、ヘーゲル、フッサールは「絶対真理を打ち立てようとした悪者」というふうに見えてくる。

確かにプラトンはイデアを言いましたし、ヘーゲルは立派な体系をつくってそこに「論理学」というものを置いているんです。このヘーゲルの論理学というのは、人間の思考の動きを全部捉えたと称するもので、これがそのまま世界の動きでもある。つまり**思考と世界の論理の根本を捉えた真理の学**、とされているのです。そういうところが批判の対象となってきましたし、ぼくもそれはわかります。

しかし、批判する人はヘーゲルの語っている中身の大事なところを読んでいない。たとえば、先ほど言ったように「良心」は自由と正義の深い自覚ということであって、むしろ全知の不可能を知る意識でした。この良心のところはほとんど読まれていないですね。

田原 本が読まれていないのですか。

西 『精神現象学』があまりに難しい、ということもあるでしょうね。ちなみに『精神現象学』は意識が経験しながら自覚を深めていくという筋書きですが、一番高い立場が「良心」で、それに対応するのが「事そのもの」です。

田原 先ほど説明してもらったように、良心は、社会のメンバーとしてふさわしくあろうとする意志と言えば、わかりやすいではないですか。

西　そう思います。平易で深い思想だと思います。

主奴論とストア主義

田原　そこで、「事そのもの」とはどういうことですか。

西　「本物」という意味だと、さしあたって考えておいてください。理性の章で出てくる大切な考え方ですが、そこにいくまでの流れをごく簡単にたどりましょうか。

ヘーゲルの人間論の核心は、「自己価値」を求めることです。**人間は自分が価値のある存在だと思いたいし、思われたい**。他者から自己価値を評価・承認されたいという本性を持っている。これはものすごく強い欲望で、ある意味で食欲などの快をしのぐほど強い。

田原　一種の生きがいですね。

西　そうですね、生きがいにもなります。ですから、『精神現象学』を、評価・承認を求めて右往左往する人間の物語と読むことも可能です。美味しいご飯を食べることを犠牲にしても、名誉や自己価値を求める欲望が人間にはある。そういう人間どうしが対面すると、「オレを認めろ」という争いになる。

田原　主奴論ですか。

西　そうです。最初は承認をめぐって殴り合いをする。そうすると、死んでもプライドを貫き通す人と、こんなきついのなら降参してもいいという人が出てくるというのです。そして、**プライドを貫いた人は勝って主人になり、痛いのを嫌がった人は負けて奴隷**になる。これがヘーゲルの主奴論です。要するに、人間は自己価値と承認を求めて争う、ということです。平和になっても、富や権力、名誉を求める競争が必ずあるのも、そこからきているわけです。

しかし次には「富や権力を求める競争の奴隷になっているのはアホらしい」と思う意識が登場してくる。そして、「大自然の理法に従って生きる」などといって世間から離れた価値を求めるのです。これがストア主義です。ローマ時代に流行ったものですね。ぼくらがストイックと言っているのもここからきています。

田原　ストア主義と禁欲主義は違うのですか。

西　ストイックというと今は禁欲的ということですが、ストア主義は「情念と快楽を謹んで理性的に考え、大自然の掟に従って生きる」などというのですね。禁欲が主目的ではないです。

田原　大自然の掟というのは何ですか。

西　ぼくもよくわからないのですが、情念を抑えて理性的に思考することが自然の掟に一致することになる、ということらしいです。

田原　要するに、金や権力を求めない。

西　そういうのは金の奴隷になることで、卑しい生き方だと思うのです。ヘーゲルに言わせると、このストア主義というのは、「**他人からの承認などいらない、自分で自分の価値を認めればよい**」という考え方をする意識です。しかし最終的には、虚しいという結論になります。人から認められなければ面白くないですから。

田原　だから、そんな生き方は誰もしないですよ。

西　結局、他人と社会に関わらなければいけないと思うようになるのです。「事そのもの」のところでは、最後は「自分も他人も本当に善いと思えるものをめざそう」という気持ちになる。

田原　ずいぶん平凡な結論ですね。

事そのものは本物志向

西　もうちょっと聞いてください。まず、社会や他人の価値観に合わせるだけだと自由がないですよね。だから、いったんは引きこもってストア主義になった。でもそれだとつまらない。こうなると、「社会に合わせて承認されるか」それとも「自分らしく生きるか」そのどちらかを選ぶしかないと思えます。

しかし、自分も他人も納得できるような〝普遍的な価値あること〟――これを「事そのもの」とヘーゲルは呼ぶのですが――をハッキリとつかめれば、それが生きる目標となりうる。他人に合わせるんじゃなくて、自分が納得したものに向かうわけですから。

「事そのもの」の章をたどってみますと、まずは、ストア主義とは違うのですが、やはり社会や他人からの承認は必要ないと考える意識が登場します。「**自分の個性を表現してそれを実現しさえすればよい。他人との比較は意味がない**」。つまり個性第一主義の意識です。

田原　そんな人はいそうですね、現代にも。競争は悪だ・個性が大事だ、という感覚の人たちが。

西　まさしくその感じです。この人は、最初は自分がつくった砂山を見て「よくできた」とひとりで思って満足している。ところが、他人がつくった砂山を見てしまうと、「あいつの方がすごいなあ」と思ってしまう。いくら無視しようとしても無理です。そう気づいたときに、「自分も他人も認めるようなすごい砂山をつくりたい」という意識になるわけです。この砂山は、料理でも小説でも落語でも置き換えていい。「自分もみんなもすごいと思う、ホンモノの落語」をやってみたいというのが、「事そのもの」の意識なのです。

田原　なるほど。西先生の解説で初めてわかりました。でもそれはプラトンのイデアと似てませんか。

西　そうですね。事そのものは、**プラトンでいえばイデアに相当**しますね。ホンモノの落語というのは「落語のイデア」といっても同じですから。

田原　ということは、プラトンの哲学に帰ったわけですか。

西　ただし、プラトンの場合、イデアはどこか天上にあって固定的な感じがしますが、ヘーゲルの場合は現実のなかで考えています。いってみれば、地上に降りたイデアです。たとえば、医師が「こういうのが本物の医療だ」と思って実践したことが、患者や他の医師らの批評や反応によって試され鍛えられる、そのなかで「やっぱりこれが医療にとって大切なんだ」ということがますますはっきりしてくる。そんなことです。

田原　平たくいえば、本物志向ということですね。

西　そうですね。つまり、人々の間の率直な語り合い・確かめ合いのなかで――この確かめ合いは絶対に必要なのですが――「これは本物だ」といえるものが信じられる、という点がポイントです。たとえば、田原さんが「朝まで生テレビ！」で徹底討論することを、ご自分の使命だと思う。徹底討論することの意義を深くわかっておられる。「事そのもの」を信じておられるわけです。そうなると、ただ褒められたりチヤホヤされたりするのでは面白くない。自分の仕事の大切さと意義を本当に理解してくれて初めて、「承認」されたと思える。

田原　たまにバラエティ番組に出ると、やたらに握手されたり写真を撮られたりするのです。つまり、タレントだと思われている。そういうぼくは本物ではないわけね。事そのものがディスカッションでもいいのなら、ヘーゲルはなぜしなかったのですか。

西　「事そのもの」のところでは、実際にやってみながら批評される、ということですから、ディスカッションの感覚はきちんと出ている。しかしヘーゲルの体系全体でいうと、ディスカッションしつつ確かめるというよりも、「自分の体系こそが真理」みたいな感じになっているんですね。つまり、**対話を無視したモノローグ、ひとり語りになっているんじゃないか、という批判**は成り立つと思います。一番強烈な批判かもしれませんね。

ただぼくは「事そのもの」の思想はとても重要だと考えています。近代社会は自由を認めるのでさまざまな考え方が出てきますし、本当のものなどないというニヒリズムにも陥りやすい。でも、「本物の医療がある」とか「本物の政治家がいる」ということがあれば、なぜ本物なのか、ということの深い理解と納得のもとに信じられる。こういうことが、ニヒリズムへの対抗策になる。

田原 ただ、現実は逆だと思うのです。努力していろいろなことをやってみたけれど全く報われず、誰にも承認されなかった。だから、秋葉原にトラックで突っ込んで無差別に殺傷する事件が起きる。初めは誰でも本物があると思っているけれど、いろいろやってみて「やっぱりない」ということになる。そういうときはどうすればいいですか。

西 難しいですね。

田原 非正規で派遣の仕事ばかりで、自分がいてもいなくても同じだと思ってしまう。

西 そうなりますね。ですからヘーゲルの言う「事そのもの」が成り立つためには、まずは**働く仕事があって働ければ承認されるという条件が必要**ですね。

田原　そういう条件がない社会では、信じられるのは宗教で、哲学はあまり役に立たない。

西　そうかもしれませんね。でも、「働けば食べられるという条件が必要で、それを整えるためにはどうするか」という問題が語り合われ、共有され、そのための努力がなされる、ということが必要ですよね。社会は永遠に完全なものにはなりえないでしょうが、「解決しようとする努力が確かにこの社会のなかに生きている」と信じることができれば、救われる人もいるかもしれない。やはり、**人間的努力への「信」を育てる、ということが大切**で、哲学をそのために役立つものにしたいし、そうできるはずだと思います。

第七章

人生を肯定する

――ニーチェ

波乱万丈の人生

ソクラテスからヘーゲルまでの**西欧の哲学やキリスト教的な価値観をトータルに批判したのが、ドイツの哲学者フリードリヒ・ニーチェ**（一八四四～一九〇〇年）です。ドイツの東部ライプツィヒ近郊の村リュッケンに生まれ、両親とも牧師でした。

名門プフォルタ学院からボン大学に進み、二十四歳でスイスにあるバーゼル大学の員外教授に就任した俊才で、古典文献学を教えました。ところが、二十八歳のときに刊行した処女作『悲劇の誕生』が不評でした。ギリシャ悲劇を題材にニーチェ自身の芸術論を論じた作品ですが、学会から総スカンを食い、講義にも学生が全く来なくなりました。

ここからの半生はひどいもので、心酔していた音楽家のリヒャルト・ワーグナーと決裂しただけでなく、体調の悪化によって頭痛や吐き気などに苦しみ、大学を辞めざるをえませんでした。年金が支給されたため、路頭に迷うことはありませんでしたが、イタリアやスイスなどをめぐりながら在野の哲学者として執筆をする生活を続けました。

失恋や家族との不和などの苦悩から逃れ、イタリア滞在中にニーチェが執筆したのが、主著『ツァラトゥストラはこう言った』です。ツァラトゥストラというのはゾロアスター教の開祖のドイツ名で、山にこもって修行し、悟った知恵を下山して説教するという物語になっています。ニーチェは、キリスト教の聖書に代わる新たな生き方の書として書いたのです。

冒頭に「神は死んだ」という言葉が出てきますが、これはキリスト教だけでなく、科学技術の進歩への礼賛や民主主義など西欧近代の固定的な真理全般に対する批判を意味します。この本について西研は「私たちがどう生きていけばよいかという泥臭い問題について、これほど正面から取り組んだ哲学書は少ない」と評価しています。

しかし、『ツァラトゥストラはこう言った』は全く売れませんでした。とくに第四部は自費出版で四十部を印刷し、友人に配っただけと言われています。この後も体調がすぐれないなかで、『善悪の彼岸』『道徳の系譜』などの著作を刊行しましたが、一八八八年に自叙伝『この人を見よ』など五冊を書き上げた後、ニーチェは四十四歳で精神に異常を来たしました。母親らに看病されながら十年ほどを過ごした末、五十五歳で亡くなったのです。

ニーチェは遺稿集『力への意志』のなかで、「これからの二世紀、ニヒリズム（虚無主義）の到来は避けられない」と予言します。ニヒリズムとは、**キリスト教の神など固定的**

な真理が崩れ、人間が生きる意味を喪失した状態を言います。

ニーチェは、キリスト教のような固定的な真理はいらない。あなた自身が価値を創造してワクワクするように「創造的に生きよ」と生き方を提案しています。そのメッセージが時代を超えて、ぼくらに深い共感を呼んでいるのです。

どうすれば人生を肯定できるか

ニーチェの哲学に使われたキーワードのひとつが、ルサンチマンです。恨みつらみのことで、この感情の根っこには自分の苦しみをどうにもできない無力感が潜んでいます。ルサンチマンがなぜ問題かというと、**「自分は人生をこう生きていこう」という前向きな意志を失わせてしまう**からだと西研は言います。ニーチェ自身もルサンチマンという病にかかっていたと思われます。

ニーチェは、ローマの支配下にあって苦悩と貧困にあえいでいたユダヤ人たちのルサンチマンが、キリスト教の神や天国をつくり出したと考えました。キリスト教は「貧しき者は幸いである」として貧しい民衆はあの世で天国に行き、富や権力を持つ支配者たちは地獄に堕ちると説きました。こうして、支配者を否定することによって現世での苦悩に意味を与えたのです。しかし、神に従う人間は無難な善人にしかならず、自分の人生を創造的に生きていく力は生まれません。

では、神による人生の意味づけを失った人間が、どうすれば自分の人生を肯定できるか。つまり、**ニヒリズムの克服がニーチェの哲学の課題**となりました。その答えが、二大思想と言われる「超人」と「永遠回帰」です。

神が死んだ後、人類がめざす目標が超人です。ニーチェは超人について具体的に説明していませんが、安全なところで無難に生きるのではなく、ワクワクとして創造性に富んだ生き方をする人間のことです。

また、「今の人生が何度も繰り返されることを欲するか」を問うのが永遠回帰の思想です。この本の冒頭で、「今働いている状況が入社時にわかっていたら、この会社に入ったか」という問いに対し、イエスと答えたサラリーマンが四人にひとりしかいないことを述べましたが、その人生版のような問いです。ニーチェは苦悩した末に、人生のなかで一度でも本当に生きていてよかったと思えることがあれば、今の人生が繰り返されることにイエスと言えると考えました。これについて、西研は「魂を揺さぶられるような過去の喜びを思い出すことが、これからどう生きるかを考えるきっかけになるかもしれない」と言っています。

豊かさを求めるという明確な目標があった高度成長期と違って、目標や夢が失われた今、どう生きたらいいのかわからない人たちが増えています。

なぜ、神は死んだのか。ニーチェはどうして、西欧の哲学や価値観を批判したのか。超人や永遠回帰の思想は、現代に生きる人々の苦悩を救うことになるのか。『ツァラトゥストラ』や『知識ゼロからのニーチェ入門』などの本を出している西研に聞きました。

Talk Battle

悲劇の誕生

田原　ニーチェがとても影響を受けたのがドイツの哲学者アルトゥール・ショーペンハウアーですが、この人はどんな人物だったのですか。

西　彼は**「生きることは苦悩である」という悲観的な考えを持った哲学者**です。

田原　貧しくて学校に行けなかった人ではありませんね。

西　裕福な商人の家に生まれ、大学の医学部に進学したインテリでした。産業革命が進んで貧富の差が広がるなかで、ヘーゲルの後、マルクスらは社会へ目を向けました。「社会派」ですね。他方で、ショーペンハウアーやキルケゴール、ニーチェといった流れは、社会のことよりも自分がどう生きるかの方に関心を持っていました。いわば「実存派」です。

田原　へそ曲がりですね。

西　確かにへそ曲がりかもしれませんが、**それぞれが解決できない個人的な苦悩を抱え込んでいた**のです。たとえば、キルケゴールは生まれつき背中が曲がっていました。家族も、兄弟に自殺者が出ていますし、父親も宗教がらみで大きな苦悩を抱えていたようです。

田原　ショーペンハウアーはヘーゲルを批判しています。

西　自由の自覚によって人類が発展するというヘーゲルの進歩的な歴史観が、脳天気に思えたのでしょうね。

田原　ニーチェは若くして大学教授になり、『悲劇の誕生』を出します。これはどういう本ですか。

西　ギリシャ悲劇がどのように誕生したかを論じたものです。ギリシャ悲劇には、秩序を求めて美しい形に整えるアポロン的なものと、形あるものを壊して混沌と一体感に導くディオニュソス的なものというふたつの要素があり、このふたつを統合したところに悲劇が生まれたという趣旨です。

田原　人間には両面があると。そして、ソクラテスやプラトンを批判しますね。

西　ソクラテスは、人間が理性を発揮すれば真理や美を把握できて善い人生を送れると考えましたが、それは「理性主義」で楽観的すぎると言うのです。

田原　ディオニュソス的なものを隠ぺいしていると。

西　そうですね。人生の持つ苦悩や情熱を知らず、理性ですべてが解決すると考える連中だ、と批判するわけです。

田原　隠ぺい体質だとなぜいけないのですか。人間は**善いことをしたいという側面と他人のものを取ってでも得をしたいという側面**とがある。ニーチェはなぜ悪い側面を抑え込むなと言うのですか。

西　ディオニュソス的なものは、ニーチェにとって悪いものではないんですね。苦悩や情熱も含めて人間であってそこに生きる喜びも出てくる。そう考えるので、理性主義は大切なものを見落としている、ということになります。

固定的な真理は弱さの証

西　ニーチェは、人間をそもそも欲望的な存在だと考えていると思います。善い生き方をしたいというのも欲望のひとつですから、まず最初に理性がある、という考えは違うだろうと。

田原　でも、人間が欲望的な存在だからこそ、カントやヘーゲルは欲望を抑え込む理性を第一に置くのではないですか。

西　そうなんですね。欲望があるからこそ理性が必要になる。

田原　カントの道徳もそうです。

西　でも、カントは欲望に積極的な意味を認めないんですね。正しく**理性的に生きることこそが大切であって欲望はそれを邪魔する**、と考える。ヘーゲルは欲望を否定しませんが、普遍的な視点を持つ理性的な生き方になっていく――事そのものや良心ですね――ことをよしとします。

ニーチェからすれば、カントもヘーゲルも固定的な真理や価値を求めていて、それがダメなのです。正しいものがあると人は生きやすいから、固定的な真理を求める。その真理は神とか理性とか道徳とかいろんな呼ばれ方をしますが、そんなものに頼るのはニーチェに言わせれば一種の「弱さ」なのです。

人の生は絶えず変転します。そうした**変転する状況のなかでそのつど自分のエネルギーを最大限に発揮して生きるのがよい**、というのがニーチェの考えです。そういう変転する状況に耐えられない弱い者が、固定的な真理や正しい生き方を必要とするのだということです。

田原 言ってみれば、ソクラテスやカントやヘーゲルは弱い人間だと。

西 そういうことです。

田原 でも、弱くていいではないですか。人間は弱い生き物だから。なぜ強くなければいけないのですか。

西 そうですよねえ。

田原 ソクラテスもカントも弱いことを自覚しているからこそ、固定的な真理を求めて精一杯、生きてきたわけで、それをけなすことはないでしょう。

西 いやー、鋭い突っ込みにタジタジですが、ニーチェは、固定的な真理をつくり出すことが新しい生き方に挑戦する創造的な人間をつぶすことになる、と考えたのです。弱さの反対は、創造性なのです。

田原　なるほど。固定的な真理が創造性をつぶしてしまう。

西　ソクラテスもカントも創造性をつぶす思想ではないとぼくは思うのですが、ニーチェにはそう見えたのです。

田原　それは、よくわかります。ぼくにとって固定的な真理は企業ですね。創造性を発揮したかったから、企業を辞めたのです。でも、フリーになってもニヒリズムには陥りませんでした。だから、ニーチェがニヒリズムになるのがよくわからない。彼は強いわけでしょう。強い人間がなぜニヒリズムにいくのか。

西　いや、ニーチェは、自分は**ニヒリズムを徹底することでニヒリズムを超えた**、と言っています。ニヒリズムの超克がニーチェのテーマです。

神は死んだ

田原　ニーチェは「神は死んだ」と言いますが、これはどういうことですか。

西　ニヒリズムの定義でもありますが、〝至上の価値が下落すること〟です。

田原　至上の価値が下落したことを神が死んだと言ったわけね。

西　そうです。『力への意志』という遺稿集で、これから二世紀はニヒリズムの歴史だろうと予言をしています。至上の価値には、神だけでなく国家や社会主義を入れてもいいわけですが、そういった**至上の価値が次々に没落していくことがニヒリズム、あるいは「神の死」**です。

田原　もっと言えば、ニーチェは神を殺したのですか。あるいは、神はいないのか。

西　両方と言えますが、いないという方が近いと思いますね。

田原　ニーチェはなぜ神を否定しなければいけなかったのですか。

西　ニーチェは面白いことを言っています。時代の必然として神は否定され殺されざるをえなかった、と言うのです。

田原　なぜ神は否定されるのですか。

西　「誠実性」によって否定される、と言っています。近代科学は、自分で調べて納得したことにだけイエスと言います。これが誠実性ですが、これはキリスト教の「ウソをついてはいけない」という道徳を受け継いでいる。ところが、この誠実性によってとことん真実を追究していくと、神の存在を証明できないことが明らかになってしまった。さらに、人間が生きるために神というものをつくり上げたことがわかってしまった、と言っています。

田原 そうでしょう。ぼくは、神をつくったのは人間だと思っています。でも、ニーチェは神がいた方が便利だとは思わなかったのですか。

西 そうは思わないのです。神というのは固定的な真理の代表格なので。

田原 なるほど。神を殺さないと、固定的な真理を壊せないわけだ。

西 そうです。科学は自由な精神ですが、固定的な真理を壊すほどの強さを持っていなかった。どこかに究極の真理があると科学者も信じていたのです。

田原 でも、科学者は究極の真理の探究を哲学者に任せていたのではないですか。なぜ生きるかとか、生きる意味は何かとかは哲学者の仕事ですね。

西 そうですが、その一方で科学は宇宙論をやって、宇宙がわかれば人間の存在理由がわかるはずだと、どこかで暗々裏に思っているわけですよ。

田原 脳科学でも哲学につながるような研究が出てきています。ニーチェは、**ソクラテスやプラトンを創造的な挑戦をしない無難な善人でしかない**と言っています。

西　キリスト教も神の命令に従って心正しく生きることを求めるわけですが、ニーチェに言わせれば、これも無難な善人であることを求めているわけです。そこには創造性は生まれない。ニーチェは一時、ワーグナーを信奉しましたが、ワーグナーに創造性を持った新しい文化の息吹を感じていたと思います。

ルサンチマンが神をつくった

田原　ニーチェはルサンチマンが神をつくったと言いますが、これはどういうことですか。

西　ニーチェは『道徳の系譜』でルサンチマン説を説きました。彼は、人間を含むあらゆる生命体は〈力への意志〉であると言っています。これはつまり、生命体は現状維持ではなく、もっともっと力を得ようとする根本衝動がある、と言うのです。これがまっすぐに出ると創造性につながるのですが、この**強いエネルギーがねじ曲がるとルサンチマンになる**のです。

田原　恨みつらみ、妬み、嫉《そね》みですね。

西　そうですね。なぜかフランス語を使っています。イエスが布教した頃、ユダヤはローマの支配下にあって、民衆は相当つらく、苦しい状態だった。この民衆の苦悩をどうしたらいいか。

田原　頭にきているけれど、現状は変えられない。

西　そうです。苦しいけれど変えられない。だから、観念のなかで復讐《ふくしゅう》するのです。

田原　それが神ですか。それがキリストなのですね。

西　そうです。たとえば『マタイ伝』の「山上の垂訓」で、イエスは「貧しき人は幸いである」という有名な演説をしますが、そこには「**富める者が天国に行くのは、ラクダが針の穴を通るより難しい**」という言葉もあるのです。

田原　そうやって、富や権力を持つ者に対して観念のなかで復讐するわけだ。

西　「あんな金持ち連中は地獄に堕ちるよ」と。「自分たちのように貧しくとも心清く生きている人間が、天国では救われるのだ」と。

田原　貧しき者こそ幸いだとね。

西　イエスとそれに続く僧侶たちは、民衆のルサンチマンに方向を与えて観念のなかで復讐できるようにしたのだ、と言うのです。

田原　だけど、現実をいささかも変えることはないし、創造力も生まれない。

西　ただし、後にキリスト教はローマで国教になります。パウロ以後の僧侶たちは「真理」を独占することで権力を握る。自分たち僧侶の言うことを聞けば天国に行けるけれど、聞かないと地獄に堕ちる、と言って民衆を内面から支配する。だから、キリスト教は僧侶が権力を握る手段であったとニーチェは言っています。

田原　ニーチェは、僧侶の価値は善悪だけで面白くないとも言いますが、これは何ですか。

西　僧侶は「心清く謙虚に生きよ」と言いますが、これは民衆の持つ「群れ本能」に合致しているとニーチェは言います。目立つものをたたきつつ、なるべくみんなと同じようにしているのがよい、というのが民衆の「群れ本能」ですが、その群れ本能を僧侶はうまく操っていると言うのです。

田原　ということは、創造性を抑え込んでしまう。

西　その通りです。キリスト教の世界は、ニーチェから見れば、**僧侶の権力欲と民衆の群れ本能が合体してできた世界**だった。そこでは変わった人物や創造的な人物は必ず抑圧される。だからそこから抜け出そう、というのがニーチェの言いたかったことです。

超人という新たな目標

西　ただし、神の観念が役に立つものであったことをニーチェは認めています。それは、**苦悩に意味を与えるという機能**です。人が生きるとき、災害に見舞われたり、病気になったり、事件に巻き込まれたり、障害があったりと苦悩は尽きないのですが、それらを「神が与えたもう試練」と見なすことで、その苦悩に耐えることに意味が与えられる。ニーチェは、「苦悩そのものよりも、苦悩に意味が与えられないことが問題なのだ」と言っています。

だとすれば、神が死んだ以上、自分の苦悩には何の意味も見出せなくなってしまうことになります。しかし、これからの人類はその苦悩に耐えつつ、そのもとで創造性に満ちた生き方に挑戦していかなければならないとニーチェは言うのです。

田原　それで、ニーチェは超人ということを言いますが、これは何ですか。

西　神に代わる新しい人間の目標のことです。ただ、超人がどんな存在なのかについては、何も書いていません。意図的に書かなかったと思います。

田原　なぜですか。

西　これが超人だという具体像を出すと、固定的な真理と同じようなものになってしまうからでしょう。もっとも、イメージははっきりしています。創造性の塊で、**苦悩があっても負けずに、絶えず創造性を発揮して生きる人間**、という感じですね。

田原　ニーチェは超人になるプロセスについて述べていますね。

西　『ツァラトゥストラ』の第一部に、「ラクダ→獅子→幼子《おさなご》」の三段階が出てきます。最初のラクダというのは重い義務を背負って生きる生き方です。最初には、与えられたルールや道徳を守って地道にがんばり、我慢して自分をコントロールする力を身につける必要があると思っていたかもしれません。

田原　自制心ですね。

西　なるほどそうですね。次が獅子です。これまで自分のなかで守ってきたルールや道徳を全部否定し、壊す段階です。「序破急」という言葉で言うと、破に当たります。

田原　一回ぶち壊す。

西　はい。しかし獅子の段階では、壊さねばならない相手があるのですから、まだその相手に囚われている。ですから、この獅子の段階をさらに超えて、子どもが砂場で遊ぶように創造性そのものに成り切っているのが「幼子」の段階です。

田原　幼子になるのが超人だと言うのですか。それはどういうことだろう。幼子なら、何もしないということでしょう。

西　いやいや。自分のなかから迸《ほとばし》る創造性に身を委ねていることを、イメージ的に「幼子」と言っているだけです。ただし、いちおう三段階を語っていますが、これは決して決まり切った固定的な道のように考えられてはならないのです。ニーチェが『ツァラトゥストラ』で強調するのは、**人間はそれぞれに「自分の道」を行かなければならない**ということです。各人はそれぞれのやり方で自分のエネルギーを最大に発揮できる創造的な道を探っていかなくてはならない。だからこれは孤独な道ですが、創造性を発揮して高まっていこうという思いを持った人間どうしが励まし合うというイメージはあったと思います。

永遠回帰の思想

田原　ニーチェの二大思想のもうひとつである永遠回帰とはどういうことですか。

西　万物には始めも終わりもなく、同じことを繰り返しているという説です。あるときニーチェの頭に降ってきたビジョンだとも言われています。宇宙はいろいろな状態を経めぐっていくけれど、あるとき前の状態と全く同じ状態になる。そうすると、また同じようにめぐり始める。

田原　だから、どうしたと言うのですか。それの何が問題なのですか。人生はどうせ七十〜八十年なのだから、そんなことはどうでもいいではないですか。

西　永遠回帰説にはどんな意味があるか、については大きくふたつの説があります。ドイツの哲学者ゲオルグ・ジンメルが唱えたのは、「**自分の行為は何万回も繰り返すことになるから、決して後悔しないように自分の行為をよく考えて選びなさい**」という意味だ、という説です。

田原　よくわからないけれど、ギリシャ時代は二度ときませんよ。

西　ニーチェはくると言っている。

田原　こないよ、そんなもの。

西　ニーチェもお話だとわかって言っているのですよ。現代風に言うと、膨張する宇宙が収縮して、また膨張するときに地球がまたできて同じ歴史を繰り返すと。そんな話ですから。

田原　カントがそういう話はやめようと言っているでしょう。

西　そうですよね。そうなんですが、同じ人生を何度も繰り返すと想像すれば、人は何万回繰り返してもいいことをなそうとするでしょう。つまり、**自分が心から肯定できるような選択をするはずだ**、というのがジンメル説です。

田原　でも、何万回繰り返しても善いと思われることをせよというのは、とっくの昔にプラトンが真善美と言っているではないですか。

西　ただ、プラトンの場合、イデアは天上にあるような感じがしますね。ニーチェの場合は、自分で判断するわけです。

もうひとつの説は、「人生の肯定」のために永遠回帰説はつくられた、というものです。この人生の肯定は『ツァラトゥストラはこう言った』の最終的なテーマでもあります。生きていても苦しいことばかりで、ルサンチマンや復讐心に駆られて生きている人がたくさんいます。そして「こんな人生なんてない方がよかった」という人生否定の思いもやってくる。

しかし、ニーチェはルサンチマンで生きてはダメだと思っていました。恨みと復讐心は決して自分の生を喜ばしいものにしない。だから、これまでの生を否定するのではなく、肯定しなくてはならない。恨みを嚙《か》み切って、自分がうれしくなる喜ばしいものへと向かわなくてはならない、と考えた。それは若い頃もてはやされた後、ずっと無視され続けたニーチェ自身の問題でもあったのです。ルー・ザロメにふられて失恋もしましたし。「君は君の人生を肯定できるか」——これは究極の問いですよね。

田原 失意のどん底で、そう考えたわけですね。

西 そうです。だから、重みがあります。でもルサンチマン、復讐心を嚙み切るのはとても難しい。なぜなら、自分が苦しいとき、「親が悪い」「社会が悪い」「あんな連中が悪い」「あのときこんなことをしてしまった自分が悪い」というふうに、悪いヤツを見出すのがルサンチマンの心性ですが、そうやって悪口を言うことには発散の快があるからです。そして悪口を言っている限りでは、自分の責任は問われない。「では自分はどうしたらい い？」ということを問わずにすますことができる。

では、**どうすれば自分のダメダメだった人生を肯定できるか、そしてルサンチマンを克服して前向きに生きられるか**、が重要な課題になります。

人生を肯定するために

西　『ツァラトゥストラ』の第三部にこんな言葉が出てきます。「君は万物の永遠回帰を欲することができるか」、これが究極の問いなのだ、と。もし自分の人生に否定的なら、もちろん永遠回帰を欲することなどできないわけです。そのうえで、ニーチェは言います。「人生はひとつながりの輪っかのようなものだ。その**人生のなかで、たった一回だけでも本当に生きていてよかったと思えること、心ふるわすこと**があったなら、苦しいことを含んだこの人生全体を、永遠に繰り返すことを望むことができる」と。

田原　悲劇的な人生の最中に、そう言ったわけね。

西　そうですね。『ツァラトゥストラ』は失恋の直後に書かれていますし。ではニーチェにとって、たった一回だったかもしれない〝心ふるわすこと〟は何だったのか。これについても、求婚して断られたルー・ザロメと丘を散歩したときのことだろう、とか、かつてワーグナー夫妻と交友していたときのことだろう、とかいろいろな説があります。

それはともかく、ぼくが若い頃この本を読んだときには、疑問も感じたんです。この

「一度でも胸をふるわすことがあったならば、あなたの人生は肯定してよいはずだよ」という話は、美しいお話だし、死ぬ前の人が人生を振り返る話としては納得できる。でも、これから生きようとする人の力に、はたしてなるんだろうか、と。

田原　このとき、ニーチェにはもう生きる力がなかったのではないですか。

西　『ツァラトゥストラはこう言った』を書いたときは、一時的に元気で活力に溢《あふ》れていたようです。そこでぼくの説ですが、永遠回帰説はやはりこれから生きようとする人にも役立つのだ、と思うようになりました。つまりルサンチマンに囚われているとき、人はワクワクしたことや魂を揺さぶられた経験を忘れています。ですから、もし人生を振り返ってそのときの喜びや興奮をリアルに思い出すことが本当にできるのなら、「今の条件のなかでも喜びを味わって生きたい、どうしたらよいか」というまっすぐな気持ちになれるかもしれない。つまり、**生きることの〝憧れ〟を思い出す**こと、それを生かそうとすること。そのきっかけとして永遠回帰説があると考えるなら、納得できると思います。

田原　子どもの自殺が目立ちますが、遺書に恨みを書いて死にますね。

西　苦しくて人生をやめてしまいたいなら密かに死ねばいいわけですから、復讐の自殺、まさしくルサンチマンなのです。復讐して相手が苦しむのを見るとスカッとするでしょう。

だけど、それでは自分の人生を豊かにしないはずだ、というのがニーチェの直観です。

田原　ニーチェは不運な人生を送りました。ソクラテスからヘーゲルまでは、言ってみれば進歩発展主義ですね。これを否定したニーチェはわかりやすいので、それなりに人気を持つはずだと思ったのですが、なぜニーチェの哲学は受けなかったのですか。

西　まだ早すぎた、ということですよね。ニーチェの生きたのは十九世紀後半ですが、十九世紀は産業革命が起きて、科学技術による人類の進歩発展を信じられる楽天的な時代だったのです。

田原　なるほど。時代は進歩発展の最中なのですか。それを否定したから嫌われた。その後、なぜ受け出したのですか。

西　精神の病に倒れてから受け始めて、それからものすごく人気が出てきます。時代がニーチェに追いついてきたのでしょう。文明が進歩発展しても、それで個々の人生がそのまま豊かになるとは限らないですよね。人が**生きるうえでの苦悩をどう引き受けて生きるか、という課題が強く意識され始めた**からだと思います。

ポストモダンの哲学

田原　ニーチェは西欧哲学の進歩発展主義を否定しました。ポストモダンの哲学は、進歩発展を完全に肯定しませんが、ニーチェからポストモダンにいくのですか。

西　そうですね。ポストモダンの哲学者たち、ドゥルーズ、フーコー、デリダらは、皆、ニーチェを自分たちの祖というか、模範としていました。もともとは、マルクスや左翼の人たちが、進歩発展主義の流れを引き継いでいったのでしょうね。

田原　そうすると、マルクスへいくのかな。

西　世の中を進歩発展させようという志ある人は、やはり左翼になったのではないですか。とくにフランスや日本では。ところが、スターリン主義や毛沢東主義によって凄まじい虐殺が行われていたことがわかり、左翼に対する幻滅が起こる。フランスの左翼でその現実を受け止めたのがポストモダンの哲学者たちなのです。ドゥルーズもデリダも、フーコーもみんな左翼です。彼らには、**「真理や道徳の背後には権力欲がある」というニーチェの真理否定の思想がとても魅力あるものに見えた**のでしょう。

田原　日本の哲学者である梅原猛が二〇一三年に『人類哲学序説』という本を出しましたが、これも進歩発展主義の否定でした。梅原猛はソクラテスからデカルト、ニーチェ、ハイデガーと西欧の哲学を研究してきましたが、西欧哲学の進歩発展主義の破綻《はたん》を象徴したのが福島原発事故だと考えたわけです。

西　原発は科学技術の一番先端ですからね。

田原　だから、近代の合理主義と訣別すると言っています。

西　訣別して、どういう知恵があるのだろう。

田原　梅原猛は東洋の思想を見直して、仏教の天台密教の「草木国土悉皆成仏」という考え方に着目したのです。山川や草木にも仏を見るという日本独自の思想で、ここから独自の人類哲学をつくろうとしています。

西　人類哲学ということは、哲学を否定しているわけではなくて、近代哲学がダメだと。

田原　そうです。デカルト以後の哲学です。

西　人類としての哲学は大事だが、軌道を根本的に修正しなければならないということですね。でもそれは可能なのだろうか。「あらゆるものに仏を見る」という感度は嫌いではないですが、それはひとつの世界観にすぎないと思うのです。哲学は、**一人ひとりが互い**

の経験や感度や考えを出し合いながら「これは確かに大切だよね」ということを確かめ合っていく営みです。そういうふうにして普遍的なものを取り出そうとすることが大事なので、それを、特定の世界観で代替してはいけないと思います。

田原　デカルトやカントらの哲学はヨーロッパ内では受け入れられたけれど、民族を超えて広がらなかったのではないですか。

西　デカルトなどは、何が本当かわからなくなった人には、民族間を超えて共感できるものだと思います。確かに西欧の哲学に特有な偏りというのはあると思うんです。ですが、たとえばフッサールの哲学は、文化の枠を超えてどんな人にも通じるような真善美を見出そうとするものです。この方向を、ぼくは断固、支持します。引き下がったら面白くないからね。景気のいい進歩発展の未来がつくれないにしても、未来の見取り図がないと人々は耐えられない。だから、**お互いの経験をもとに考えを出し合って、普遍性を求める哲学の復権をめざしたい**と思っているのです。

終章

哲学は人を自由にする――

哲学者 西研

ナマタハラ体験記

「カントは苦しむのが好きだったのではないか」とか「ぼくは**ソクラテスよりソフィストの方がまともだと思う**」とか、答えづらい突っ込みがビシバシ入ってくる……。それが、田原さんと対話したぼくの「ナマタハラ体験」でした。「うーん、そこに突っ込んでくるか」「どう返そうか?」とヒヤヒヤものの二十時間でした。

しかし、話しているうちに、田原さんがただ揚げ足を取ろうとしているのではないこともわかってきました。相手がぼくでなくて、はるかに偉い人だったり権威だったりしても関係ない。自分が納得できないと思ったことはまっすぐに疑問をぶつけてくる、そういう人なんだ、ということはすぐにわかりました。不器用だけど、どこかかわいらしい子どもみたいな率直さがあるのです。これは田原さんの美質だなあ、と思いました。

田原さんは、小学五年生のときに終戦を迎えたと聞きました。「天皇のために死ね」と教えられていたのが百八十度変わり、「これまで教えたことはすべて間違いだった」と教科書に墨を塗られた経験があります。だから、正義や真理を全く信じないという懐疑が根底にあるのです。その懐疑に対してきちんと答えないといけないと思いましたし、何より田原さんの質問は根本的なところに食い込んでくる。ですから、自分がこれまで考えてきたことを、頭をフル回転させながら必死になって答えようとした、というのが正直なところです。おかげさまで、ぼく自身の哲学の見方やそれぞれの哲学者の「ここがすごい！」というところを、あらためて確かめる機会になりました。哲学をめぐる対話の相手としてぼくを選んでくださったことに、深く感謝しています。

田原さんは「自分は真理にも正義にも懐疑的だ」とおっしゃっていましたが、その一方で、「ただ否定しているだけではダメだ」という考えも持っておられた。とくに原発問題についてのお話が印象に残っています。「自分は推進でも反対でもない。それはどっちでもいいんだ。おかしいのは、推進派か反対派に分かれて、どっちも仲間とつるんでいることだ。インディペンデントが日本のどこにもないのが一番の問題だ」と。

この**インディペンデント（独立）というのは、物事をフェアに見る立場**と言いかえられます。「オレが正しい、アイツらはバカだ」と決めつけるのでなく、それぞれの感度や利害をまずはていねいに受け止めようとする。そのために議論もする。そうしたなかから、「やっぱりこう考えるのが、まっとうではないか」を見つけていく。ただ難癖をつけるのではなく、フェアな姿勢に照らして納得できないことを受け入れず、「まっとうなこと」だけを発信しようとする、田原さん一流の姿勢が伝わってきました。

ジャーナリストとしてテレビに出演し続け、本も売らなければいけないなかでフェアを貫くことは、日本の社会ではとても大変なことだったはず。にもかかわらず、自分なりのスタンスを確立しようとしてきた田原さんは、日本には珍しい人かもしれません。そして声を大にして言いたいのは、田原さんの「フェアな立場からまっとうを見つける」という姿勢は、哲学する姿勢そのものである、ということです。

あらためて哲学とは

哲学はもともと、多様な立場や利害を持つ人間たちが集まる場所、つまり都市で起こってきた議論の営みです。キーワードは〈普遍性〉と〈原理性〉。あるテーマに対して、さまざまな立場や感度から意見が出てくる。それらを繰り込みながら、「**こう考えればみんなが納得できるのではないか**」というもの（まっとうな考え）をつくり出そうとする。これが〈普遍性〉です。どこか天上に普遍的な真理があって、それを見つけるのではない。

みんなが納得できる考えを、議論しながら〝つくり出そう〟とするのです。

では〈原理性〉とはどういうことか。原理、つまり「根っこ」を問う、ということです。**「この問題は、どこから考えれば、一番根っこから考えたことになるか」**。こう問い直してみるのです。この根っこから考える姿勢があると、議論に普遍性が出てくる。原理性と普遍性はつながっているのです。

こんな話を聞くと、ビジネスマンの方のなかには「自分には無理だなあ」と言う人がおられるかもしれない。「さまざまな立場、感度を繰り込んでフェアに考えるよりも、強い者（上司）の言うことに従う方が安全だ」「根っこから考えるヒマなんてないよ、まず解決しなくちゃいけない目の前の問題がある」

それぞれのご事情があると思います。「今は上司の言うことに従った方が安全」という場合も確かにあるでしょう。しかし、もし自分のなかに「まっとうな考え」――たとえば「何のためにこの仕事をやるのか」「この仕事は、職場にも会社にも社会全体にとっても〝善い〟ことといえるか」についての心からの確信――を全く持てなかったら、そのつどの状況によってふりまわされる生き方しかできなくなります。逆に、自分のなかに普遍的でまっとうだと確信できるものを持っていたら、「今はガマンの時期。でも自分の信じる方向で粘り強くやっていこう」という姿勢が持てるでしょう。

自分の考えに普遍性があるという確信が持てないと、人間は自立できない。つまり自由になれないのです。だから、他人と対話し自分で考えることによって、自分のなかに普遍的な考えを育てていく必要がある。これがまさに、田原さんの言うインディペンデントです。そこまでいかないと、人は自由になれない。近代になって、欲望が解放されたことも自由の大きな意味ですが、欲望の解放だけでは自由になれないのです。これはカントやヘーゲルが言ったことですが、日本ではほとんど誰も気づいていないことかもしれません。

普遍性が人を自由にする、のです。

哲学の巨人に学ぶ　①ニーチェ

さて、私たちが生き方を考えるうえで、哲学の巨人たちから何を学ぶことができるのでしょうか。ここでは、ヘーゲルとニーチェのふたりを取り上げてみます。哲学史の流れとしてはヘーゲルからニーチェへと続きますが、あえて順序を逆にして、ニーチェからヘーゲルへと思想をたどることで考えてみたいと思います。

ニーチェがいまだに読まれ続けている理由の第一は、〝元気になること〟を哲学の根っこに置いていることにあります。ぼくらは社会的な義務や世間体などでがんじがらめになっていますが、そのことで元気を失っているところがあります。そうしたことをいったん脇に置いて、「どうやったら自分のエネルギーを爆発させることができるかを、まず第一に考えよ」という強いメッセージをニーチェは発したのです。

第二に、他人にどれだけ悪口を言われても、自分だけは自分を見捨ててはいけない、というメッセージがニーチェ思想にはあります。大事なところで失敗すると、「オレは何てダメなヤツなんだ」と自己否定の感情を持つことがありますが、そんなときでも「**自分だけは最後まで自分の味方でいなければいけない**」。ぼくもこの言葉に助けられたことがあります。

第三に大切なのが、ルサンチマン（恨み）の思想です。誰でも「なぜオレがこんな目に遭わなければならないのか」と親を恨み、上司を恨み、社会を恨み、ときに過去の自分を恨むことすらあります。恨むことで苦しみや悩みを発散させるのは、自然な衝動ともいえます。

ひとつ極端な例を挙げますが、大阪教育大学附属池田小学校で児童や教師二十三人を殺傷した罪で死刑になった、宅間守という人がいます。彼は学校の用務員をしていましたが、飲んでいた薬を溶かしたお茶を飲ませた教員が倒れてしまい、仕事を辞めさせられました。自分の精神的な支えだった公務員の仕事を失ったうえに妻にも逃げられ、追いつめられた末に無差別殺傷事件を起こすわけですが、意外なことにそれを思いついたのは事件の直前のことでした。すっかりうちひしがれていたのに、想像のなかで女性や子どもを刺すことを考えると、元気になって食欲が出てきたというのです（岡江晃『宅間守 精神鑑定書』亜紀書房）。宅間守のケースのように、ルサンチマンと復讐によって元気が出てくるという側面も、人にはあります。

しかしルサンチマンは復讐ですから、自分の人生を善いものにしない、とニーチェは言っています。復讐のエネルギーは善いもの・美しいものを生み出さない。それに対して、人を好きになったり、美しい風景を見たり、夢中になって何かをつくったり、仲間と何かを一生懸命やったりするときには、エネルギーがポジティヴに表れて元気になるとニーチェは考えました。だから、「**あなたはルサンチマンのネガティヴなエネルギーで生きるのか、それとも本当に自分がワクワクして元気になるエネルギーで生きるのか？**」とニーチェは私たちに問いかけたのです。

ニーチェが使ったルサンチマンという言葉を知っていれば、自分がルサンチマンに陥っていることに気づくことができます。そのときには、自分は本当は何をやりたかったのか、をあらためて思い出してみる。やりたかったワクワクすることを思い出せたら、その次に、今の状況のもとで具体的にどういうやり方ができるか、と考え進めることができるはずです。

哲学の巨人に学ぶ　②ヘーゲル

人間の持っている〝承認への欲望〟を強調したのがヘーゲルですが、たいていのニーチェ好きな人は、承認というヘーゲルの考えが大嫌いです。なぜなら、承認への欲望はしばしば人を不自由にさせるからです。たとえば、学校や家で「いい子」になろうとすると、窮屈で苦しくなります。会社で褒められようとすると、どんどん自由や創造性がなくなります。社会的な承認を求めると、たいていは富や権力、学歴などを求める競争に取り込まれてしまいます。このように、**承認の欲望は人を社会の奴隷にさせる側面がある**ので、ニーチェ好きな人は承認という言葉が嫌いなのです。

ぼくも若い頃、ニーチェに勇気づけられた方ですが、ヘーゲルの言う承認の欲望も否定できない大切なものだと思うようになりました。ぼく自身の経験で言えば、初めは哲学書を読んで知らないことを知るだけでワクワクして面白かった。ニーチェ的に元気になったわけです。

しかしある時期から、自分が納得するだけでなくて、**他人にも納得してもらえるように考えを深めたいし、できれば社会に発信したい**と思い始めました。「哲学は他の人たちにも役立つはずだ」とわかってきたとき、社会に対して哲学を発信したい――つまり他者からの承認を求めたい、という気持ちになってきたのです。もし自分だけの納得でいいや、ということだったら、ある時点で哲学をやめていたでしょう。

これはどんな仕事でも、同じです。最初は収入を得るために働き、自分の仕事に見合ったお金がもらえればいいと思うかもしれない。あるいはぼくのように、面白いからやっているだけ、ということでもいい。しかし本気で仕事を続けていると、やっぱりこの仕事が他人のため社会のために役立つかどうか、が気になってくる。そして、できれば本当に役立つことをしたいと思うようになる。そうなってくると、やはり、承認や、仕事の普遍的な価値、さらには社会正義といったことが問題になってきます。

じつは、ヘーゲルの哲学は、単に承認が大事と言っているのではありません。そうではなくて、承認の欲望がしばしば不自由を招くことを重々承知したうえで、では「自由と承認の相克」（自由でありたいと承認されたいとの対立）をどう解決するか、ということがテーマなのです。ですから、ヘーゲルの答えは、自分の考えを世間の価値観に合わせればいい、とはならない。自分も他人も「やっぱりこれは価値のあるものだ」と思えること、つまり普遍性を追究し実現しようとする生き方を提案しているのです。

もちろん、すぐに承認されなくてもいいのです。「この仕事の価値は、今はまだ世間に評価されていないが、理解してもらえれば必ずだんだんと承認されていくはずだ」と思って、工夫し努力していく。こういう姿勢がヘーゲル哲学の最終到達点ですが、そう思っている人は絶えず新しい試みに挑戦しますから、結果的にすごく充実した生き方になるはずです。

ですから、まずは**自分が元気になることからスタート**する。いつもそこに戻って考えよ、というのがニーチェの声で、これは大切です。しかしこの「元気に生きる」をもっと先まで追究しようとしたときには、自分のしている仕事をみんなに承認してもらえるような〝善いもの〟にしようと思って努力する必要が出てくる。そうやって燃えて日々を過ごせば、イキイキと生きることができるはずです。このようにニーチェからヘーゲルへという道筋で考えると、ぼくらが現代を生きるときのひとつのイメージになるのではないでしょうか。

そんなことを言っても、非正規雇用の人は納得できないかもしれません。「なぜ、こんなつまらない仕事をしなければならないのか」と思っている人もいるかもしれない。でも、恨まないで、腐らないで、いい仕事をする。そこがとても大事です。あなたの仕事ぶりを見ている人が必ずいるはず。風向きが変わるように、と祈ります。

哲学書を読んでみる

ニーチェとヘーゲルから何を学べるかを述べてきましたが、**哲学書を読むことは人生を豊かにします**から、ぜひトライしてほしいと思っています。ここでは、本書で紹介した哲学者たちの著書を読んでみたいという読者の方々に、少々アドバイスしてみることにします。

ソクラテスとプラトンについては、代表作は『国家』ですがやや分厚い。『ソクラテスの弁明』『饗宴』は薄くて面白いですが、最初の一冊として個人的にお勧めしたいのは『パイドロス』です。これは恋愛論でも哲学論でもあるような本ですが、何かに憧れて生きるとはどういうことか、を考えさせます。プラトンが考えた鮮烈な生き方、考え方を知ることができます。また、普遍性を追究する哲学の思考法に関心のある人は、『メノン』を読んでみてください。全く古くないことに驚くでしょう。

デカルトは、『方法序説』がお勧めです。デカルトがなぜ哲学を志したか、何をやりたいかが力強く書かれています。余計な修辞がないためにすっきりした文体で、誰でも読めます。本当に**自分で納得できる考えを見つけよう、という哲学の〝魂〟**が感じ取れる一冊です。

カントは何と言っても『純粋理性批判』でしょう。すべての哲学書のなかで一冊を選ぶとしたら、ぼくはおそらく、この本を選ぶと思います。カントはこの本のなかで、宇宙の果てや神の存在、魂の不死などの難問についてとことん考え、答えが出ないことを証明しました。また、人間の理性にこういった問題を考えてしまう本性があることも明らかにしました。大変面白い本ですが、かなり読みにくいので、竹田青嗣『完全解読　カント「純粋理性批判」』（講談社選書メチエ）を併せて読むことをお勧めします。原典にトライするときには、最初から読まずに「純粋理性のアンチノミー」のくだりから読むのも一手です。

ヘーゲルは、やはり『精神現象学』です。哲学書で最も難解な一冊ですが、内容を理解するとこんなに面白いものはないので困った本です。すでに述べたように、自由と承認との相克をどう乗り越えるかが大きなテーマになっています。竹田青嗣・西研『超解読！はじめてのヘーゲル「精神現象学」』（講談社現代新書）を参考にしながらチャレンジしてみてください。

ニーチェに関しては、代表作『ツァラトゥストラ』を勧めます。いきなり読んでも読めますが、他の作品を読んでいないと今ひとつわからないところもありますから、竹田青嗣・西研・藤野美奈子著『知識ゼロからのニーチェ入門』（幻冬舎）が役に立つと思います。藤野さんのマンガはニーチェの人生を感じさせてくれる優れものです。

最後に、ぼくの考えをもっと知りたい方には、西研『哲学の練習問題』（河出文庫）を読んでみてください。本格的な哲学書ですが文体は易しいので、通勤途中の電車で立ち読みすることもできます。生きる意味、言葉の働き、正義の意味などさまざまな問いに対して、千字程度でぼくなりの回答を出していますから、読者は**「これは納得・そこは違う」というふうに（つまり普遍性があるかどうかを）吟味する**ことができます。また、西研

『集中講義　これが哲学！』（河出文庫）は、デカルトやカントだけでなく、フッサールやハイデガーの「現象学」についても触れていますから、哲学をもっと勉強してみたい人には参考になると思います。

「プレ哲」のススメ

哲学とは、対話をしながら〝何が大切か〟を考えることでした。そのとき、さまざまな人たちの感度を配慮しつつ（普遍性）、かつ、問題の根っこは何か（原理性）を問うのが哲学特有のやり方でした。その原動力になっているのは、「生きることを善いものにしたい」という想いです。「もう適当でいいよ」と思ったら議論する必要はなくなってしまうでしょう。

ですから、哲学は哲学者だけのものではありません。会社の企画会議で**「そこを話してもダメだよ。ここが一番の根っこなんじゃないの」と意見を言うときにも、じつは哲学の魂が働いている**のです。ですが、日々の生活のなかで、普遍性と原理性を持った考えを育てていくのは難しい。ではどうすれば？――「プレ哲」つまり、哲学一歩手前の話し合いをやってみたらどうでしょうか。

ひとつご紹介したい実践があります。京都大学名誉教授で鯨岡峻《くじらおかたかし》という発達心理学者が提唱されている「エピソード記述」です。これは保育現場で行われている実践なのですが、保育士さんが子どもとの日々の交流のなかで、成長を感じてうれしかったことやハッとさせられたことなど、〝自分の心を震わせたこと〟をエピソードとして書き記す、というものです。その際、ただ起こったことを書くだけでなく、「なぜ・どこに自分の心が震えたのか」ということも振り返って考えて書くのです。こうやって書いた文章を同僚どうしで読み、その文章から触発された想いを語り合うのです。

何のためにやっているのかというと、「何が保育の喜びなのか」、さらには「保育にとって何が大切なのか」ということを語り合い、確かめ合っているわけです。自分の仕事や生活のなかで心を震わせたこと――「よかった」と思ったことや「しまった」と思ったこと――を言葉にして話し合い、「何が大切か」という一番根っこのところを確かめ合う。これが日常的な哲学の姿だと思います。

ここから、「保育とは何か」「保育実践にとってカナメとなるものは何か」ということをグッと煮詰めて、きちんとした言葉にすれば理論としての哲学になるわけですが、そこまでいかなくてもいいのです。一歩手前の「プレ哲学」で十分です。ぼくは、皆さんにプレ哲をすることをお勧めします。

プレ哲がなぜ有意義かというと、**自分のなかに素敵な想いがあることを確かめ、****ワクワクしてくる**からです。そして、みんなとも同じ想いがあることが確かめられると、もっとうれしい。そういう想いを語り合える空間があれば、〝憧れて生きる〟というソクラテスのような生き方が死に絶えずに残っていく。それが、哲学が最終的にめざすことだと思っています。

ぼくは職業的な哲学者ですから、自分自身の体験と議論のなかから「これがカナメだ」というもの――本質と呼びます――を抽出してまとめることをします。しかしそれで終わりではなく、こうして抽出したものを生活や仕事の現場に返す。そこでこの「カナメ」が生かされたり、また試されたりする。そして現場からまた「このことも考えないといけないのでは」という課題が返ってきたりする。このように、**現場の体験↓「大切なもの（本質）」の抽出↓現場に戻す、という往復運動が哲学**だと思うのです。

だから、サラリーマンであれば職場でやってもいいし、職業に関係ない何かの共通のテーマでやってみてもいい。大切なのは、どんな意見でも大切に聞く姿勢。安全に話せる雰囲気がまず大事です。次に、抽象的に論理を戦わせず、それぞれの人の語るエピソードを大事にして、そこから論点をきちんと取り出して話すことが大事です。そこから「皆が納得できる普遍的なこと」に至れれば最高ですが、あまり無理せずに、よく聞き合ってやってみてください。

ぜひ、プレ哲を仕事や生活に取り入れてみてください。憧れを持ち、ワクワクして、この神なき時代をともに生き抜いていきたい、と願っています。

profile

田原総一朗（たはら・そういちろう）

1934年生まれ。評論家・ジャーナリスト。早稲田大学卒業。岩波映画製作所、東京12チャンネルを経て、77年フリーに。87年からテレビ朝日「朝まで生テレビ！」、89年から「サンデープロジェクト」に出演、相手の本音を引き出すトークでTVジャーナリズムの新しい地平を開く。98年、戦後の放送ジャーナリストのひとりを選ぶ「城戸又一賞」を受賞。著書に『経営の極意』『田原式 つい本音を言わせてしまう技術』『真実の近現代史 田原総一朗の仰天歴史塾』（幻冬舎）、『日本政治の表と裏がわかる本』（幻冬舎文庫）など多数。

西 研（にし・けん）

1957年生まれ。東京医科大学教授。学生時代から小阪修平、竹田青嗣らと哲学の勉強会を続ける。哲学を一人ひとりが深く考えるための技術として"再生"することをたくらんでいる。主な著書に『ヘーゲル・大人のなりかた』（NHKブックス）、『実存からの冒険』『哲学的思考』（ちくま学芸文庫）、『知識ゼロからのニーチェ入門』（竹田青嗣との共著、幻冬舎）など。

憂鬱になったら、哲学の出番だ！
2014年2月20日　第1刷発行

著　者　田原総一朗
　　　　西 研
発行人　見城 徹
編集人　福島広司

発行所　株式会社 幻冬舎
〒151-0051　東京都渋谷区千駄ヶ谷4-9-7
電話　03(5411)6211(編集)
03(5411)6222(営業)
振替00120-8-767643
印刷・製本所　株式会社 光邦

検印廃止

Printed in Japan
ISBN978-4-344-02540-0　C0095
幻冬舎ホームページアドレス　http://www.gentosha.co.jp/

この本に関するご意見・ご感想をメールでお寄せいただく場合は、
comment@gentosha.co.jpまで。